생각에 꽃이 피네

생각에 꽃이 피네

발행일	2025년 11월 6일
지은이	이재영
펴낸이	손형국
펴낸곳	(주)북랩
출판등록	2004. 12. 1(제2012-000051호)
주소	서울특별시 금천구 가산디지털 1로 168, 우림라이온스밸리 B동 B111호, B113~115호
홈페이지	www.book.co.kr
전화번호	(02)2026-5777 팩스 (02)3159-9637
ISBN	979-11-7224-941-0 03810 (종이책) 979-11-7224-942-7 05810 (전자책)

잘못된 책은 구입한 곳에서 교환해드립니다.
이 책은 저작권법에 따라 보호받는 저작물이므로 무단 전재와 복제를 금합니다.
이 책은 (주)북랩이 보유한 리코 인쇄 장비 등 자체 생산 인프라를 통해 제작되었습니다.

작가 연락처 문의 ▶ ask.book.co.kr
작가 연락처는 개인정보이므로 북랩에서 알려드릴 수 없습니다.

(주)북랩 성공출판의 파트너
북랩 홈페이지와 SNS에서 다양한 출판 솔루션을 만나 보세요!

홈페이지 book.co.kr • 블로그 blog.naver.com/essaybook • 출판문의 text@book.co.kr
카톡채널 북랩

이재영
에세이

풍림화산
風林火山

생각에 꽃이 피네

꽃의 매력 가운데 하나는
그에게 있는 '아름다운 침묵'이다

風 풍 바람처럼 빠르게 **林** 림 숲처럼 조용하게
火 화 불처럼 용맹하게 **山** 산 산처럼 무겁게

 북랩

171그루의 생각에 꽃이 피는 나무들
꽃이 피고 나면 열매를 맺는다

차 례

나무 1	천 발의 열정과 한 발의 냉정	12
나무 2	나무 사랑	14
나무 3	식물에게 배우다	16
나무 4	반려동물과의 이별	18
나무 5	사자가 초원의 왕인 이유	20
나무 6	호랑이의 지혜	22
나무 7	나는 호랑이로 변신한다	24
나무 8	하늘을 믿는 새, 알바트로스	26
나무 9	불평과 감사	28
나무 10	관찰의 힘과 콘텐츠	30
나무 11	인간은 몸으로 말한다	32
나무 12	보이는 것이 전부는 아니다	34
나무 13	보이지 않는 것을 보다	36
나무 14	답은 가까운 곳에 있다	38
나무 15	모든 인간은 자기 이상이다	40
나무 16	고수의 생각	42
나무 17	단순함이 복잡함을 이긴다	44
나무 18	비움과 여백	46
나무 19	비움의 철학	48
나무 20	내 것이 아니므로 아름답다	50
나무 21	기다림의 즐거움	52

나무 22	절제와 기다림의 미학	54	
나무 23	사인조차도 절제하다	55	
나무 24	사람은 쉴 때 자란다	56	
나무 25	여가는 일상의 보석이다	58	
나무 26	휴식과 능률의 비결	60	
나무 27	즐거운 고생과 힘든 재미	62	
나무 28	일에 대한 즐거움	64	
나무 29	노동은 사람을 깨끗하게 한다	66	
나무 30	얼마나 많이 일어섰는가?	68	
나무 31	길 위의 철학자	70	
나무 32	책은 말 없는 스승이다	72	
나무 33	상상이 곧 경쟁력이다	74	
나무 34	발상의 전환	76	
나무 35	누구나 마음에 꽃은 핀다	78	
나무 36	역발상과 다르게 생각하기	80	
나무 37	이야기를 거꾸로 읽는다	81	
나무 38	거꾸로 생각하기	82	
나무 39	엉뚱함이 세상을 바꾼다	84	
나무 40	쓸모없는 것의 쓸모	86	
나무 41	걱정과 두려움	88	
나무 42	자본주의의 모순	90	
나무 43	세상에서 가장 비싼 것	92	
나무 44	색에 대한 생각의 관점	94	
나무 45	사진에 대한 생각의 관점	96	
나무 46	광장과 공원	98	
나무 47	현재와 미래	100	
나무 48	나이에 따른 생각의 관점	102	
나무 49	소확행과 특별함	104	
나무 50	행동하는 행복론	106	
나무 51	너의 웃는 모습이 좋아	108	

나무 52	피에로는 우릴 보고 웃는다	110
나무 53	유머는 여유와 지혜다	112
나무 54	지도자의 유머 1	114
나무 55	지도자의 유머 2	115
나무 56	삶의 지혜, 그리고 유머	116
나무 57	한 방울의 물	118
나무 58	물을 포도주로 바꾼 기적	119
나무 59	서투름의 미학	120
나무 60	봄이 와요	122
나무 61	아이처럼 생각하기	123
나무 62	아이가 보는 세상	124
나무 63	아이가 생각하는 결혼과 기도	126
나무 64	아이에게 배우는 사랑	127
나무 65	아이에게 배우다	128
나무 66	아이의 엄마 찾기	130
나무 67	아이에게 엄마의 역할	131
나무 68	부모들의 바보 사랑	132
나무 69	엄마는 무엇을 원할까?	134
나무 70	엄마의 현명한 한마디	135
나무 71	엄마의 재치 있는 복수	136
나무 72	남자와 여자의 생각의 관점	137
나무 73	가장 행복한 여자	138
나무 74	여자를 만나려면 굴복해라	140
나무 75	실연을 당했을 땐 웃어라	142
나무 76	사별의 슬픔을 건디는 법	143
나무 77	눈물과 슬픔	144
나무 78	방황하는 현대인	145
나무 79	바보가 삶의 고수다	146
나무 80	천재와 바보 사이 1	148
나무 81	천재와 바보 사이 2	149

나무 82	종이 신문의 힘	150
나무 83	검색보다는 사색이다	152
나무 84	아름다운 전통	154
나무 85	더불어 사는 삶	156
나무 86	우리에게 필요한 지혜	158
나무 87	천사를 보았다	159
나무 88	의미 있는 하루	160
나무 89	몸이 젖으면, 비는 두렵지 않다	162
나무 90	싸우지 말고 친구가 돼라	164
나무 91	몸이 전부다	166
나무 92	몸은 마음이며 하늘이다	168
나무 93	근육은 아파야 강해진다	170
나무 94	운동은 즐거야 한다	172
나무 95	걷기 예찬	174
나무 96	걷기의 힘	176
나무 97	나는 걷는다	178
나무 98	걷기와 명상 호흡법	180
나무 99	나는 오늘도 산을 오른다	182
나무 100	등산과 인생	184
나무 101	버스 여행	186
나무 102	여행은 언제나 설렘이다	188
나무 103	나는 남보다 나를 모른다	190
나무 104	고수는 나를 연구한다	192
나무 105	나를 설명할 필요는 없다	194
나무 106	나는 나를 벗 삼는다	196
나무 107	오늘 하루는 하늘이다	198
나무 108	가족이 먼저다	200
나무 109	당신의 태양이 뜨는 곳	201
나무 110	당신이 주인공입니다	202
나무 111	적과 친구	204

나무 112	최고의 적은 스승이다	206
나무 113	친구, 함께 비를 맞는 사람	208
나무 114	친구, 함께 늙어 가는 사람	210
나무 115	어울림의 미학	212
나무 116	나쁜 놈	214
나무 117	배려하면 바보인 줄 안다	215
나무 118	배려는 힘이다	216
나무 119	리더는 리더다	218
나무 120	리더의 자리	220
나무 121	누구를 따라가겠습니까?	222
나무 122	수기치인	224
나무 123	사업가의 생각의 관점	226
나무 124	리더는 항상 변해야 한다	228
나무 125	협동과 희생정신	230
나무 126	스승과 제자	232
나무 127	바다는 비에 젖지 않는다	234
나무 128	한곳을 오래 보면 닮아 간다	236
나무 129	가르치려 하지 마라	238
나무 130	말은 품격이다	240
나무 131	당신 멋져	242
나무 132	내가 졌다, 투세	244
나무 133	망가지는 것도 용기다	246
나무 134	술은 두 얼굴을 가지고 있다	248
나무 135	빈틈은 여유다	250
나무 136	응립어수 호행사병	252
나무 137	얻으려면 먼저 줘라	254
나무 138	겸손함과 천박함	256
나무 139	하나밖에 모르는 바보	258
나무 140	풍림화산(風林火山)	260
나무 141	리더의 경계심	262

나무 142	미움받을 용기	264
나무 143	싸움하면 무조건 이겨라	266
나무 144	사소한 것이 세상을 움직인다	268
나무 145	칭찬의 기술	269
나무 146	소통의 시작, '도와줘'	270
나무 147	해서는 안 되는 말	272
나무 148	역린을 건드리지 마라	273
나무 149	오만함과 자부심의 차이	274
나무 150	열등감과 자부심의 무게	276
나무 151	화향백리 인향만리	278
나무 152	무술은 예술이다	280
나무 153	경호무술의 기술과 철학	282
나무 154	나는 왕이로소이다	284
나무 155	시스템과 가치, 편리함을 판다	286
나무 156	술 취한 보디가드	288
나무 157	생각에 꽃이 피네	290
나무 158	별이 빛나는 밤	292
나무 159	'헬조선'을 말하는 사람들	294
나무 160	세계 속의 대한민국	296
나무 161	나라별 사람들의 특성	298
나무 162	사랑하면 박사가 된다	300
나무 163	종교와 신에 대한 믿음	302
나무 164	예수님의 고백	304
나무 165	어느 큰스님의 가르침	305
나무 166	우리는 신에게 구걸한다	306
나무 167	아름다운 뒷모습	308
나무 168	인생은 예술 작품이다	310
나무 169	까마귀가 나는 밀밭	312
나무 170	모든 것은 때가 있다	314
나무 171	나는 하늘을 본다	316

나무 1

천 발의 열정과 한 발의 냉정

"천 발의 열정과 한발의 냉정."

세계 랭킹 1위인 대한민국 국가 대표 양궁 선수들의 연습 전 구호다. 나는 30년간 집필을 하면서 10년에 한 권씩, 네 권의 책(1994년 『경호무술 지도교본』, 2004년 『보디가드의 세계』, 2014년 『도복 하나 둘러메고』, 2024년 『생각의 관점』)을 냈고, 그렇게 책을 쓰면서 느낀 깨달음과 지혜 그리고 반성을 이 한 권의 책에 '171그루의 생각에 꽃이 피는 나무'로 담았다.

꽃이 피고 나면 열매를 맺는다.

때론, 한 장의 사진이 더 많은 것을 전달한다. 그래서 '사진'을 "시간을 그리는 것"이라고 표현한다. 그렇게 이 책에는 175개의 그림이 담겨 있으며, 나는 책을 쓰면서 깨달았다.

내 삶은 이 한 권의 책을 쓰기 위해 존재했다. 읽는 것보다는 느끼는 것이 낫고, 느끼는 것보다는 깨닫는 것이 낫다.

풍림화산(風林火山)

나무 2

나무 사랑

어릴 적, 아는 분이 화분 하나를 주면서 물을 주며 잘 키워 보라고 했다. 나는 햇볕이 잘 드는 시장 옥상에서 화초를 화분에 키웠다. 비가 올 때면 우산을 쓰고 물을 주었다. 사람들은 말한다. "식물은 햇볕, 물, 바람만 있으면 잘 큰다."라고, 하지만 나무도 사랑이 필요하다는 것을 알게 되었다.

나무를 보다 보면 유난히 굽은 나무가 있다. 그것은 '저 혼자 하늘의 무게를 감당하기 때문'이란다. 그렇기에 못생기고 굽은, 바보 같은 나무가 산을 지킨다. 잘생긴 나무는 먼저 베여 목재로 쓰이기 때문이다. 세상에 모든 생명체 가운데 늙어 가면서 아름다워지는 건 나무밖에 없다. 어느 시인은 '단풍'에 대해 이렇게 노래했다. "버려야 할 것이 무엇인지 아는 순간부터 나무는 가장 아름답게 불탄다."

풍림화산(風林火山)

나무 3

식물에게 배우다

  몸과 마음이 다 망가져 수원에 내려와 병원에서 치료를 받으며 걷고, 걷고, 또 걸으며 운동하면서 글만 썼다. 그렇게 항상 혼자 있다 보니 친구가 생겼다. 그 녀석들은 바로 반려 식물인 스노우 사파이어, 백도선, 염좌다. 스노우 사파이어의 꽃말은 '부귀, 행복, 행운', 백도선은 '풍부한 향기, 기대', 염좌는 '풍요'라고 한다. 그래서인지 녀석들과 함께하면서 건강도 되찾았고, 『생각의 관점』을 출간했으며 『생각에 꽃이 피네』 집필을 끝냈다. 이제는 녀석들과 나는, 말을 건네며 교감하고 있다. 그러면서 느끼고 배운다. 동물(動物)과 함께할 때는 사랑과 책임감을 느끼지만, 식물(植物)과 함께하다 보면 인내와 기다림, 그리고 '침묵의 힘'을 배운다.

  우리는 무엇을 어떻게 말해야 하는지 배운다. 그보다 중요한 것은 바로 어떻게 들어야 하는지다. 하지만 그보다 훨씬 더 중요한 것이 있다. 언제 어떻게 침묵해야 하는지 아는 것이다. 그것이 바로 '침묵의 힘'이다. 꽃의 매력 가운데 하나는 그에게 있는 '아름다운 침묵'이다.

나무 4

반려동물과의 이별

 반려동물 인구 1500만 시대, 우리 아이들의 첫사랑이 반려동물인 경우가 많아지고 있다. 그렇게 아이들은 반려동물과 싸우고, 안고, 부대끼고 정이 들면서 '관계'를 배운다. 그러다 나중에는 반려동물과 헤어지면서 '이별'을 배우게 된다. 일부 부모들은 아이가 반려동물의 죽음을 목격하지 않도록 미리 떨어지게 한다. 하지만 그것은 올바른 이별 교육이 아니라고 한다. 오히려 사랑하는 반려동물의 죽음을 지켜보고, 아파하고, 극복함으로써 소중한 것도 나에게서 떠날 수 있다는 '헤어짐'을 배우게 된다. 그런 배움을 통하여 소중한 것이 더욱더 소중하다는 것을 알게 되고, 인생을 배워 간다고 한다.

 또한, 가축화된 동물 중, 인류가 유일하게 동반자나 가족의 일부로 받아들인 동물이 개라고 한다. 그만큼 개는 '인간의 충직한 친구'다. 개는 인간의 생각까지도 느낀다. 그렇기에 간식을 주거나, 대화할 때는 무릎을 굽혀서 눈높이를 마주하는 것이 중요하며, 가르친다는 생각보다 '우정을 쌓아간다'고 생각해야 한다. "사람이 죽으면 먼저 가 있던 반려동물이 마중 나온다."라는 말이 있다.

나무 5
사자가 초원의 왕인 이유

'사자 다섯 마리와 들소 백 마리가 싸우면 누가 이길까?' 당연히 사자가 이긴다. 우리는 들소 떼를 공격하는 사자들을 〈동물의 왕국〉에서 흔히 봐 왔다. 들소 열 마리만 협동해도 사자 다섯 마리는 거뜬히 물리칠 수 있다. 하지만 들소들은 그렇게 하지 않는다. 자신만 안 잡히면 된다고 생각하기 때문이다. 사자들은 이번 사냥에 실패하면 굶어 죽는다는 '절박함'이 있지만, 들소들은 백 마리 중 하나가 자신이 아닐 거라는, 나만 아니면 된다는 '안이함'을 갖기 때문이다. 한마디로 사자들은 서로 협동하며 목숨을 거는데, 들소들은 아니다.

'만약 사자 한 마리와 들소 한 마리가 싸우면 어떻게 될까?' 절대로 사자가 들소를 이기지 못한다. 인간들도 이와 같다. 깡패 다섯 명이 일반인 백 명을 이긴다. 일반인 열 명만 단합해도 깡패 다섯 명쯤은 거뜬히 제압할 수 있지만, 깡패 같은 '패거리 정신'이 없기 때문이다. 그렇기에 깡패는 혼자서는 아무것도 할 수 없으며 아무것도 아니다.

풍림화산(風林火山)

나무 6

호랑이의 지혜

 개에게 돌을 던지면, 개는 돌을 향해 달려간다. 사자는 돌은 쳐다보지도 않고 돌을 던진 사람에게 달려든다. 하지만 호랑이는 그냥 가던 길을 간다. 호랑이는 뛸 때와 걷거나 멈출 때를 안다. 소처럼 느린 걸음으로 한 발짝씩, 쥐도 새도 모르게 다가간다. 또한 호랑이는 토끼를 사냥할 때 자신의 모든 능력을 다해 최선을 다한다고 한다. 호랑이는 사냥할 때만큼은 절대로 사냥감을 하찮게 보거나 가볍게 생각하는 법이 없다고 한다.

 또한 호랑이는 거의 포효하지 않는다. 그냥 으르렁거릴 뿐이다. 자신의 존재를 만천하에 알릴 때, '산정의 제왕'이 될 때, 비로소 포효한다. "절이 싫으면 중이 떠난다."라는 말이 있지만, 호랑이는 결코 산을 보고 작별을 고하지 않는다. 그래서 지금도 사찰에 들러 보면 산신각이 있고, 그 산신각 탱화(幀畫)에는 흰 수염을 늘어뜨린 노인이 호랑이와 함께 앉아 계신다. 그분이 우리 민족 민간 신앙의 한 대상인 '산신(山神)'이며 그렇게 우리의 호랑이는 산과 산신을 지켜 왔다.

풍림화산(風林火山)

나무 7

나는 호랑이로 변신한다

나는 특별한 일이 없는 한, 한 달에 한 번 호랑이처럼 산을 오른다. 손이 앞발이 되어 네발로 산을 오르는 것이다. 쉴 때도 네발로 쪼그리고 앉아 쉰다. 높은 산은 힘들어서 동네 뒷산 정도의 산을 오른다. 그렇게 하면 평소 안 쓰던 근육을 사용하고 몸에 집중하다 보면, 모든 잡념을 떨쳐 버릴 수 있어, 육체와 정신 건강에 큰 도움이 된다. 마주치는 사람들도 처음에는 미친놈 보듯 했지만, 이제는 따라 하는 사람들도 있다.

제일 중요한 것은 호랑이의 '동물의 관점'으로 산을 보게 된다는 것이다. 낮은 눈높이가 그렇게 만든다. 가까이에서 나무를 보고, 풀잎을 보고, 그리고 땅을 보다 보면, 평소 못 보았던 곤충들이나 벌레까지도 보인다. 그렇게 진짜 산을, 자연을 마주하게 된다. 그리고 내려올 때는 다시 인간이 되어 직립 보행으로 내려온다. 그러면서 느끼고 깨닫게 된다. 직립 보행이 인간에게 얼마나 많은 것을 주었는지, 높은 곳에서 멀리 본다는 것이 무엇을 의미하는지. 나는 한 달에 한 번 호랑이로 변신한다.

풍림화산(風林火山)

나무 8

하늘을 믿는 새, 알바트로스

 '알바트로스(Albatross)' 크기의 최고 기록은 양 날개를 편 길이가 3.7미터다. 녀석은 다른 어떤 새보다 더 멀리, 더 오래 난다. 위성으로 추적해 보니 날개를 퍼덕이지 않은 채, 6일 동안 활공하는 것 또한 볼 수 있었다고 한다. 잘 때도 날면서 잔다. 알바트로스는 60년 동안 살 수 있지만 아주 느리게 번식하기 때문에 멸종 위기에 처했다.

 동양에서는 '신천옹(信天翁)'이라고 불렸고, 풀이하면 '하늘을 믿는 늙은이'라는 뜻이다. 일본에서는 이 새가 날기 위해서 도약할 때나 땅에 내릴 때 허둥댄다고 하여 '아호 도리' 즉, '바보 새'라고도 부른다는 것이다. 날개가 어찌나 큰지 평소엔 도무지 날지 못하고 뒤뚱거리기만 한다. 그런데 폭풍이 몰려오면 달라진다. 모두가 폭풍을 피해 숨는 그 순간, 이 새는 바람을 향해 선다. 그리고 거센 바람에 몸을 맡기고 비상한다

 우리는 땅을 믿고 살고, 참새나 메추라기 같은 새는 나뭇가지를 믿고 산다. 그러나 신천옹, 알바트로스는 하늘을 믿고 살아가는 새다. 나는 매일 매일 하늘을 향해 날개를 편다. 처음 하늘을 만나는 어린 새처럼.

풍림화산(風林火山)

나무 9

불평과 감사

 어느 날, 장미꽃이 천지 만물을 창조하신 신에게 불평했다.
 "하느님, 왜 가시를 주셔서 저를 이렇게 힘들게 합니까?"
 그러자 그분께서 대답했다.
 "나는 너에게 가시를 준 적이 없다. 오히려 가시나무였던 너에게 꽃을 준 것이다."

 인도 속담에는 다음과 같은 말이 있다.
 "신에게 왜 호랑이를 만들었냐고 불평하지 말고, 호랑이에게 날개를 달지 않은 것에 감사하라."

 인생은 매 순간이 선물이다. 나쁜 선물은 공부가 되고, 좋은 선물은 감사가 된다.
 아무리 어려운 환경에서라도 밤하늘의 별을 바라보고 꽃을 바라보는 사람은 그 어려운 현실을 넘어서는 것을 상상할 수 있고, 그 상상을 현실로 만드는 힘을 가지게 된다.

나무 10

관찰의 힘과 콘텐츠

인생을 살다 보면 자신만의 콘텐츠가 있어야 한다. 특히 리더에게는 이 콘텐츠가 중요하다. 콘텐츠는 어떻게 만드는가? 바로 세심하고 용의주도한 관찰이다. "관심 있는 만큼 보이고, 아는 만큼 사랑한다."라고 했다. 베르나르 베르베르는 12년 동안 관찰한 결과로 소설 『개미』를 썼다. 또한, 레오나르도 다빈치는 화가, 과학자, 건축가, 해부학자로서 위대한 업적을 남겼다. 어떻게 그렇게 다양하고도 혁신적인 업적을 남겼을까? 그는 호기심이 생기면 의문이 풀릴 때까지 관찰과 탐구를 거듭하며, 기록으로 남겼다고 한다.

바야흐로 콘텐츠의 전성시대. 우리 주변에는 콘텐츠가 넘쳐난다. 간판, 상점 디자인, 방송, 영화, 스포츠, 게임, 유튜브 등 내 눈과 귀가 보고, 듣는 모든 것, 그리고 내 몸이 느끼는 것이 콘텐츠다. 그것을 관찰하고 포착해 내는 힘만 있으면 된다. 그렇게 관찰하다 보면 다음과 같은 경지에 오를 수 있다. 길거리의 간판을 보고 세계 경제의 흐름과 사회 문화의 변화상을 살필 수 있으며, 꽃이나 벌을 보고 지구의 운명과 환경을 생각하는 경지.

풍림화산(風林火山)

나무 11

인간은 몸으로 말한다

 사람은 말로만 감정을 표현하지 않는다. 비언어적 수단인 표정, 눈빛, 제스처 등 '시각적인 표현'으로도 의사를 전달한다. 성격은 '얼굴'에서, 생활은 '체형'에서, 본심은 '태도'에서, 그리고 센스는 '옷차림'에서 나타난다. 그렇기에 인간의 얼굴과 몸은 상형 문자다. 그렇게 인간의 얼굴과 몸에는 그가 생각하고 행동하는 모든 것이 각인되며 자신의 모든 비밀을 드러내지만, 그것을 해독할 수 있는 사람은 극소수이며 '관상학'도 그 일부분이다.

 사람은 뭔가를 거짓으로 꾸며 낼 때는 시선이 무의식적으로 살짝 왼쪽 위로 올라가고, 입술을 오므리는 행동은 화가 났다는 명백한 사인이며, 코를 긁적이거나, 자꾸 흘낏거리며 쳐다본다면 거짓말을 하고 있을 가능성이 크다. 그리고 대다수 여성이 마음에 드는 남성 앞에선 양손을 머리위로 올리거나 머리카락을 귀 뒤로 넘기는 행동을 하며, 말을 하면서 손으로 입을 가리거나 팔짱을 끼는 행위는 본심을 감추거나 상대를 경계하려는 자기방어적 자세다. 또한, 여러 명이 함께 있을 때는 상대의 발의 방향이 상대의 마음을 알려 준다.

풍림화산(風林火山)

나무 12

보이는 것이 전부는 아니다

 산사람은 해가 산에서 뜬다고 생각하고, 섬사람은 해가 바다에서 뜬다고 생각한다. 사람은 보이는 대로 생각하고 믿는다. 눈에 보이는 것만 믿지 말고, 눈에 보이지 않는 것을 생각해야 한다. 눈에 보이는 나무가 한 그루라면 땅속에서 언젠가 자신의 본 모습을 드러내기를 열망하며 기다리는 새싹은 백 그루 이상 살아 숨 쉬고 있다.

 동해안에서는 밤에 불을 훤히 밝히는 오징어잡이 배들을 볼 수 있고, 제주 앞바다에서는 밤에 불을 켜는 갈치잡이 배들을 보게 된다. 그 불빛들은 불야성을 이루며 장관을 이룬다. 그 광경을 보고 사람들은 오징어와 갈치가 불빛을 좋아한다고 착각한다. 하지만 사실은 그 빛을 보고 자신들이 좋아하는 먹잇감이 몰려들기 때문에 야행성인 오징어와 갈치가 그들을 잡아먹으러 오다 잡히는 것이다.

나무 13

보이지 않는 것을 보다

 스쳐 가는 일반적인 사물과 사건이지만, 그 속에서 무엇을 보는지에 따라 역사에 한 획을 그은 발명품이나 예술품이 되기도 한다. 사람들은 물이 끓는 주전자를 무심코 보았으나 제임스 와트는 거기서 증기 기관차를 보았고, 사람들은 번개를 보고 무서워만 했으나 프랭클린은 어둠을 밝힐 전기를 보았으며, 사람들은 새의 비상을 그저 당연한 자연 현상으로 보았으나 라이트 형제는 비행기를 보았다. 사람들은 나뭇잎의 낙하를 허무하게만 보았지만 헨리는 『마지막 잎새』를 썼고, 로댕은 큰 화강암에서 『지옥의 문』과 『생각하는 사람』을 보았다.

 이처럼 같은 현상을 보면서도 무엇을 어떻게 보느냐에 그리고 어떤 생각의 관점을 갖는가에 따라 그 결과는 진혀 달라진다. 아인슈타인도 상대성 이론을 "발명한 것이 아닌 발견한 것이다."라고 했다. 생각을 많이 한다고 생각이 더 깊어지지 않는다. 오히려 많은 생각은 더 많은 생각만 만들 뿐이다. 생각에 행동이 뒤따를 때 생각은 깊어지고 명료해지며, 보이지 않는 것을 볼 수 있다.

나무 14

답은 가까운 곳에 있다

 전 세계 우주 항공 기술의 선두 주자라고 할 수 있는 '미국 항공 우주국(NASA)'이 한 가지 문제점에 봉착했다. 우주에 가면 이런 저런 사항을 기록해야 하는데, 무중력 상태이다 보니 볼펜의 잉크가 나오지 않아서 글씨가 안 써진다는 것이다. NASA는 곧 문제 해결을 위한 연구에 들어갔고, 수백만 달러를 들여서 우주에서도 써지는 볼펜을 개발해 냈다. 그런데 막상 사용하려고 보니 우주복을 입을 상태에서는 손가락에 볼펜을 끼울 수가 없었다. 결국, 수백만 달러를 들인 우주 볼펜은 무용지물이 되었다.

 '이 문제를 어떻게 해결할까?' 다시 고민하던 NASA는 자신들보다 먼저 우주에 도달한 러시아의 기술을 정탐했다. 그런데 놀랍게도 그들은 볼펜이 아니라 연필을 사용하고 있었다.

풍림화산(風林火山)

모든 인간은 자기 이상이다

스티브 잡스는 생전에 이런 말을 했다.
"소크라테스와 한나절을 지낼 수 있다면 '애플(Apple)'의 모든 기술을 넘겨주겠다."
왜 그런 말을 했을까? 그것은 더 높은 생각의 관점을 갖기 위해서다. 개인이나 기업 그리고 국가는 자신이 가지고 있던 시선, 즉 자기 생각의 관점 이상의 생각을 할 수가 없다. 하지만 더 높은 생각의 관점을 가진 철학자와 한나절을 보낼 수 있다면, 스티브 잡스 자기 자신의 생각의 관점이 높아질 수 있다고 생각한 것이다.

헤르만 헤세는 이런 말을 했다.
"모든 인간은 자기 자신 이상이다."
똑같은 상황이라도 어떠한 틀을 갖고 상황을 해석하느냐에 따라 사람들의 행동은 달라진다.

풍림화산(風林火山)

나무 16

고수의 생각

『행복한 왕자』와 『도리언 그레이의 초상』으로 유명한 아일랜드 출신의 극작가이자 소설가, 시인인 오스카 와일드는 어느 날 이런 질문을 받았다.
"오늘 하루를 어떻게 지내셨습니까?"
그러자 그는 대답했다.
"오전 중에는 시를 하나 쓰고 콤마를 하나 지워야 했지요. 그리고 오후에는 그 콤마를 하나 다시 써넣어야만 했습니다."

하수는 머릿속이 만 가지 생각으로 가득 차 있고, 고수는 머릿속이 한 가지 생각으로 가득 차 있다.

풍림화산(風林火山)

나무 17

단순함이 복잡함을 이긴다

 정조 대왕이 하루는 정약용에게 내기를 하자고 하면서 이렇게 말했다.
"똑같은 글자를 세 번 사용해 만들 수 있는 글자를 찾아서 써 보자."
 정약용이 자신만만하게 말했다.
"전하, 이 내기는 제가 반드시 이깁니다. 그것도 한 글자 차이로요."
 그러자 정조는 "무슨 소리냐. 내가 자전을 다 외우고 있는데 말도 안 되는 소리다."라고 반박했다. 두 사람은 글자를 써 나갔고 내기의 결과 정약용이 이겼다. 정조는 간사할 간(姦), 밝을 정(晶), 품격 품(品), 불꽃 염(焱), 돌무더기 뢰(磊), 나무 빽빽할 삼(森), 벌레 충(蟲) 등등 한자에서 세 번 사용하여 만들 수 있는 모든 글자를 썼다. 하지만 정약용도 똑같은 한자를 모두 썼고 마지막에 한 글자를 더 썼다. 그것은 바로 석 삼(三) 자였다.

 단순한 문제를 복잡하게 말하는 데는 지식이 필요하고, 복잡한 문제를 단순하게 말하는 데는 지혜가 필요하다.

풍림화산(風林火山)

나무 18

비움과 여백

  인간에게는 빈 공간이 필요하다. 그렇기에 진정한 쓰임새는 채우지 않고 비우는 데 있다. 『도덕경』의 한 문장은 이를 함축한다.
"찰흙으로 그릇을 만드니 그 비어 있음에 그릇은 쓰임이 있다. 문과 창을 뚫어 집을 만드니 그 비어 있음에 쓰임이 있다. 있음은 편리함이 되고, 없음은 쓸모가 된다."
  공간은 빈 곳이 더 많을수록 유용해진다.

  모름지기 살아간다는 것은 가득 채워져 더 들어갈 수 없는 상태가 아니라 비워 가며 닦는 마음이다. 그리고 여백은 풍류다. 화폭에만 여백이 필요한 것이 아니라 인생에도 여백이 필요하다.

텅 빈 일본 항구 도시 고베시를 가슴에 품다

나무 19

비움의 철학

　건강을 위해서는 보약을 먹는 것보다 몸에 해로운 음식을 삼가는 것이 중요하고, 근육을 키우는 것보다 시급한 것은 불필요한 살을 제거하는 것이며, 누군가를 사랑한다면 그 사람이 원하는 것을 들어주기에 앞서, 싫어하는 것을 하지 말아야 한다. 나이가 들어 갈수록 중요한 것은 많은 사람을 만나기보다, 먼저 불필요한 사람을 정리하는 것이 삶의 질을 높이는 방법이다.
　내 삶이 허전한 것은 무언가 채워지지 않았기 때문이 아니라 여전히 비우지 않고 있기 때문이며, 현명한 사람은 보탬을 추구하기보다 제거함을 추구한다. 그렇기에 우리는 '무엇을 채울까?'를 생각하기에 앞서 '무엇을 비울까?'를 생각해야 한다. 삶은 덜어 낼수록 더 단단해진다.

　진정한 자유는 하고 싶은 것을 할 때가 자유로운 것이 아니라, 하기 싫은 것을 안 할 수 있을 때가 진정 자유로운 것이다.

풍림화산(風林火山)

나무 20

내 것이 아니므로 아름답다

　강원도 깊은 산속에서 수행할 때, 법정 스님은 이렇게 말했다. "아름다운 산을 보고 있으면서 만약 저 산이 내 것이라면 이렇게 마음 놓고 감상할 수 있을까? 세금 걱정해야지, 누가 나무 훔쳐 가지 않나 호시탐탐 지켜야지, 혹시 죽어 가는 나무 있으면 살려 내야지, 등산객들이 흘리고 간 쓰레기를 치워야지, 이건 산의 아름다움을 감상하기는커녕 태산 같은 걱정 때문에 결국은 골칫덩어리로만 느껴질 것이다. 내 것이 아니므로 아무런 신경 쓸 필요 없이, 아무런 소유 의식을 가질 필요 없이, 산야의 꽃길을 따라 마음껏 즐길 수 있다. 내 것으로 집착을 가지는 순간부터 걱정은 물밀 듯이 밀려올 것이다." 참 아이러니한 것은 공기 좋은 깊은 산속에서 수행하신 법정 스님이 폐암으로 입적하게 되신 것이다.

　우리는 지나치게 성대해지는 것을 경계해야 한다. 무엇이든지 극에 이르면 쇠퇴한다. 너무 갖고 싶고, 너무 좋은 것은 없는 것만 못하다. 비극은 가지고 싶은 것을 못 가진 거다. 하지만 정말 비극은 꿈에 그리던 가지고 싶은 것을 가진 것이다.

풍림화산(風林火山)

나무 21

기다림의 즐거움

　기다림은 사랑하는 정도다. 처음 연애할 때는 한 시간, 두 시간, 아니 온종일이라도 상대를 생각하고 기다리는 시간조차 즐거웠다. 하지만 세월이 지나고 나면 조금의 기다림도 못 참고 상처 주는 말을 하게 된다.

　기다리지 못하는 사람에게 기다림은 죽은 시간이다. 하지만 모든 농부는 자연스럽게 익는 사과가 가장 맛있다는 것을 알고 있다. 그렇기에 기다림은 특별하고 매력적인 시간이다. 모든 꽃, 과일들도 기다림이 선사한 것이기 때문이다. 봄날 나무가 꽃봉오리를 여는 순간은 짧다. 그러나 그 순간을 기다려온 나무들과 정성은 오래 묵은 것이다.

　무엇인가를 기다리는 동안, 우리는 '현재의 소중함'을 느낄 수 있으며 급하게 지나치기 쉬운 일상 속에서 잠시 멈추고 주위를 돌아보는 기회를 제공한다. 또한, 인생은 기다림의 연속이다. 그렇기에 기다림을 즐기는 것이 곧 인생을 즐기는 방법이다.

　"네가 4시에 온다면, 난 3시부터 행복해지기 시작할 거야."

풍림화산(風林火山)

나무 22

절제와 기다림의 미학

미켈란젤로의 가장 유명한 걸작품은 시스티나 성당의 천장벽화다. 그가 그린 「천지 창조」 중, '아담의 창조'에서 하나님과 아담이 서로를 향해 손가락을 뻗고 있다. 바로 그 하늘의 손길이 인간의 손을 향해 뻗는다. '왜 미켈란젤로는 아담의 손을 15센티미터만 더 길게 뻗어 하나님과 친밀하게 손을 마주 잡은 모습을 그리지 않았을까?'

시스티나 성당의 천장 그림을 완성한 후, 미켈란젤로는 스케치북 한쪽에 다음과 같은 글을 적었다. "안코라 임파로(Ancora imparo)." 이탈리아어로 "나는 아직 배우고 있다."라는 뜻이다. 그 당시 그는 87세였다.

나무 23

사인조차도 절제하다

   시스티나 성당 「천지 창조」 그림은 당시로써는 초대형 프로젝트였다. 폭 14미터, 길이 40미터, 총넓이가 560제곱미터이며 제작 기간만 4년이 넘게 걸렸다고 한다. 더군다나 조각가였던 미켈란젤로가 화가로 변모하는 순간이기도 했다.

   그는 4년 만에 자신의 역작, 「천지 창조」 작품을 마치고 나서는 마지막으로 사인을 한 뒤 흡족한 표정으로 붓을 놓았다. 하지만 그가 성당 문을 나섰을 때, 눈앞의 광경에 감탄하고 말았다. '저 눈부신 햇살과 푸른 하늘, 높게 날고 있는 새들. 아무리 뛰어난 화가라도 눈앞에 있는 대자연의 모습을 제대로 표현할 수 있을까?'

   그리고 자신을 돌아보게 되었다. '신은 이렇게 아름다운 자연을 창조하고도 어디에도 이것이 자신의 솜씨임을 알리는 흔적을 남기지 않았는데, 나는 기껏 작은 천장 벽화 하나 그려 놓고 나를 자랑하려 서명을 하다니!'

   미켈란젤로는 즉시 성당으로 돌아갔다. 그러고는 작업대 위에 서서 자신의 사인을 지워 버렸다. 이후부터 그는 그 어느 작품에도 자신의 사인을 남기지 않았다.

나무 24

사람은 쉴 때 자란다

 전 세계 사람 중, 가장 부지런한 사람이 대한민국 국민이라고 한다. 얼마나 부지런하면, 놀이동산에서도 엄마가 자녀에게 부지런하게 놀라고 하며 혼내는 나라는 우리나라밖에 없다고 한다. "너 그것밖에 못 놀겠어?", "똑바로 놀아!"

 그리고 해외여행을 가면 '복장만 관광객이고 행동은 근로자'라고 한다. 새벽부터 저녁까지 스케줄이 빈틈없이 빽빽하다. 그렇게 우리는 쉴 줄을 모른다.

 '사람은 언제 자랄까?' 푸른 나무들은 겨울에만 나이테가 자라고, 동물들은 잠을 자는 캄캄한 밤중에만 그 뼈가 자라며, 사람도 바쁜 마음을 멈추고 읽고, 꿈꾸고, 생각하고, 돌아볼 때만 그 사람이 자란다. 일도 중요하지만 가끔은 자신만의 휴식을 가지는 것이 중요하다.

 '휴식(休息)'이라는 한자는 쉴 휴(休) 자와 숨쉴 식(息) 자로 이루어져 있다. 사람인(人), 나무 목(木), 스스로 자(自), 마음 심(心)으로 이루어진 것이 '휴식(休息)'이라는 한자다. 사람이 나무(자연)에 기대어 자기 스스로 마음을 뒤돌아보는 것이 휴식이다.

나무 25

여가는 일상의 보석이다

  한국 회사는 일을 많이 하지 않는다. 다만 오래 할 뿐이다. 일할 때는 일하고 쉴 때는 쉴 수 있어야 한다. 그래야 나도 지키고, 회사도 지키며 가정도 지킨다. 우리는 "일찍 일어난 부지런한 새가 벌레를 잡아먹는다."라고 말한다. 하지만 일찍 일어난 벌레는?

  의미 있는 삶을 살기 위해서는 일을 열심히 하는 것도 중요하지만 그 나머지 시간, 여가를 어떻게 보내는지가 더 중요하다.
  서양인은 여가의 절반을 여행하는 데 쓰고, 나머지 절반은 책을 읽는 데 쓴다. 하지만 한국인은 여가의 절반을 술 마시는 데 쓰고, 나머지 절반을 술 깨는 데 쓴다.

풍림화산(風林火山)

나무 26

휴식과 능률의 비결

건설 현장에서 현장 소장이 나와 다른 인부에게 일을 시켰다. 현장에서는 일명 '뿌레카(Breaker)' 혹은 '함마 드릴(Hammer Drill)'이라고 부르는 전동 공구로 각각 벽에 구멍을 뚫는 일이었다. 우리는 똑같은 드릴을 가지고 반나절 동안 벽을 뚫었다. 그 인부는 쉬지도 않고 드릴을 작동하여 계속 벽을 뚫었고, 나는 한 시간 동안 일한 후 10분 쉬기를 거듭했다. 결과는 내가 먼저 벽을 뚫었다, 이를 보고 현장 소장이 의아해하며 물었다.

"아니, 저 인부는 쉬지도 않고 계속 벽을 뚫었고, 내가 볼 때 반장님은 중간중간 사진도 찍으면서 쉬는 것 같던데 어떻게 먼저 벽을 뚫었습니까?"

"간단합니다. 저는 10분 쉬는 동안 뿌레카 열을 식히고 이물질을 제거했으며 드릴을 물에 식혔습니다!"

최고의 카 레이서는 엔진보다는 브레이크에 더 관심을 둔다고 한다. 멈출 때 멈출 수 있어야 맘껏 스피드를 낼 수 있기 때문이다.

나무 27

즐거운 고생과 힘든 재미

  20세기는 '노동 중심의 사회'였다. 노동이 가치를 만들어 냈다. 그냥 참고 인내하며 열심히만 일하면 생산이 되었다. 하지만 21세기는 지식 기반의 사회다. '의미와 재미'가 가치를 만들어 낸다. 또한, 아무리 좋아하는 것이라도 매일 여덟 시간씩 할 수는 없다. 그렇게 할 수 있는 것이 있다면 오직 일뿐이다. 그래서 인간에게 일과 삶을 따로 떼어 놓을 수는 없다.

  일은 '즐거운 고생'이고 '힘든 재미'란 걸 받아들여야 한다. 한국인들이 세계 최고로 잘하는 것은 의미 있는 일을 재미없게 하는 것이다. 왜 살아야 하는지 아는 사람은 어떤 시련과 고통도 이겨 낼 수 있으며 오히려 재미있기까지 하다.

  앞으로의 사회는 놀면서 일하는, 그리고 일을 놀이처럼 하는 사람이 창의성을 갖게 되고 성공하게 된다. 우리는 빗자루를 보면 바닥을 쓸 생각만 한다. 무의식적으로 우리에 관습이 그래 왔다. 하지만 어린아이들은 칼싸움하고, 기타를 친다. 그리고 거기에 올라타 날아오를 생각을 하기도 한다. 왜냐면 어린아이들의 관심사는 오롯이 '재미'이기 때문이다.

나무 28

일에 대한 즐거움

 시장 좌판에서 채소를 파는 할머니에게 한 손님이 왔다.
"할머니, 이 양파와 감자 얼마예요?"
"한 무더기에 2800원입니다."
그러자 손님은 좀 싸다고 생각했는지 다시 물었다.
"여기 있는 거 전부 다 사면 더 싸게 해 주실 거죠?"
할머니는 정색하며 말한다.
"전부는 절대 팔지 않습니다."
 손님은 다 사 준다 해도 팔지 않겠다는 할머니에게 이유를 물었고, 할머니는 대답했다.
"돈도 좋지만 한 사람에게 죄다 팔아 버리면 나는 할 일이 없어서 집에 가야 되잖우. 나는 사람들이 건네는 인사도 좋고, 가난한 주머니 사정 때문에 더 싸게 사려고 하는 사람들의 흥정도 좋아하고, 오후에는 따스하게 시장을 내리쬐는 햇볕을 좋아해요. 돈으로 살 수 없는 하루가 있다는 사실을 안다면 당신도 전부 팔라는 말은 결코 할 수 없을 게요."

 무슨 일을 하든지 자기가 하는 일에 가치를 부여하고 즐길 줄 안다면 그것이 곧 자신의 삶을 즐기는 길이다.

풍림화산(風林火山)

나무 29

노동은 사람을 깨끗하게 한다

 나는 그동안의 나의 삶을 되돌아보고 인생의 '터닝 포인트'를 갖기 위해 3년간 몸으로 사는 삶, 일명 '노가다'에 도전했다. 하지만 그렇게 시작한 노가다는 나에게 도전이 아닌 또 다른 생존이었다.
 새벽 공기를 마시며 건설 현장에 나가 노동을 하다 보면 오롯이 몸 하나만 생각하면 된다. 단순하고 깨끗하다. 땀을 흠뻑 흘리면 몸속의 나쁜 피가 다 빠져나간 느낌이 든다. 등줄기를 타고 흐르는 땀의 느낌이 너무 좋았다. 그것은 새로 태어난 기분과도 같다. 노동은 사람을 깨끗하게 한다. 새벽녘에 만나는 '아침 이슬처럼', 그렇기에 난 노동하면서 더 좋은 글을 쓸 수가 있었다.

 나는 건설 현장에서 일하다 사고로 새끼발가락을 잃었지만 다른 것을 얻었다. 그것은 땀의 가치를 알게 되었고, 노동을 즐길 줄 알며, 그리고 앞으로 나에게 어떠한 일이 생기더라도 다시 시작하고, 일어설 수 있다는 '나에 대한 믿음'이다.

풍림화산(風林火山)

나무 30

얼마나 많이 일어섰는가?

플로이드 패터슨은 미국의 유명한 프로복서다. 그는 가난한 흑인 가정의 11형제 남매 중, 막내로 태어나 보육원에 보내져 2년간 생활했다. 좀도둑질과 무단결석을 일삼는 문제아였다. 열네 살에 복싱 트레이너 커스 다마토를 만나 그의 운명은 바뀌었다. 복싱이 그를 구원했다.

그는 잉게마르 요한슨과의 경기에서 1라운드에 일곱 번이나 녁다운되었다고 한다. 그러나 그는 경기 후 다음과 같은 유명한 말을 남겼다.

"사람들은 나를 가장 많이 녁 다운당한 복서라고 말하지만, 가장 많이 일어선 복서 역시 나다."

세계 최초의 흑인 대통령이자 세계인권운동의 상징적 존재인, '넬슨 만델라'는 말했다.

"삶에서 가장 위대한 영예는 절대 쓰러지지 않는 데 있는 것이 아니라 쓰러질 때마다 일어나는 데 있다. 나의 성공으로 평가하지 말라. 얼마나 많이 쓰러졌다가 다시 일어서는가로 평가하라."

풍림화산(風林火山)

나무 31

길 위의 철학자

 내가 건설 현장에서 일하면서도 계속하여 글을 쓸 수 있었던 것은 에릭 호퍼의 『길 위의 철학자』라는 책을 만났기 때문이다. 그는 일찍이 부모를 여의고 평생 '떠돌이 노동자'로 살면서 많은 책을 읽고, 글을 쓰며 열한 권의 저서를 남겼다.

 30년간 부두 노동자로 일하면서 처음 출간한 『맹신자들』은 큰 반향을 일으키며 베스트셀러가 되었지만, 그는 부와 명예를 뒤로한 채, 계속하여 65세까지 부두 노동자로 살면서 평생 노동과 독서, 그리고 사색을 즐기며 글을 썼다. 나는 건설 현장에서 『길 위의 철학자』를 읽으며 깨달았다. "노동이 나를 지배하게 두지 말고, 내가 노동을 즐기며 지배하자!"

 호퍼는 1983년, 81세의 일기로 사망했으며 그해 미국 대통령의 '자유 훈장'이 수여되었다. 그리고 2001년 호퍼의 이름을 딴 '에릭 호퍼 문학상'이 제정되었다.

※ 호퍼의 어린 시절, 사고로 7살에 실명하고 15살에 다시 시력을 회복했다고 한다. 그가 눈을 다시 뜬 날, 제일 먼저 한 일은 '다시 책을 읽을 수 없을지도 모른다.'라는 생각에 책을 읽기 위해 도서관에 간 것이라고 한다.

나무 32

책은 말 없는 스승이다

 때로는 한 권의 책이 한 사람의 인생을 바꿔 놓기도 한다. 책을 안 읽는 사람들은 말한다.
 "책을 읽는다고 쌀이 나오냐? 돈이 나오느냐? 이렇게 힘들게 사는데 책 읽을 시간이 어디 있냐?"
 나는 그럴 때마다 말하고 싶다.
 "힘들게 살아서 책 읽을 시간이 없는 게 아니라, 책을 읽지 않기 때문에 힘들게 사는 거다!"

 '세상에서 가장 멋진 액세서리는 무엇일까?' 나는 명품 시계를 차고 다니는 남성이나, 명품 가방을 들고 다니는 여성보다, 책 한 권을 들고 다니는 사람을 보면, 커피 한잔을 하며 이야기를 나누고 싶다는 생각을 하게 된다. 그래서 나는 항상 책 한 권을 들고 다닌다. 한 권의 책은 수십만 개의 활자로 이루어진 숲인지도 모른다. 숲을 단숨에 내달리기보단, 이른 아침 고즈넉한 공원을 산책하듯이 천천히 거닐어야 한다.

 "사람은 책을 만들고, 책은 사람을 만든다."

풍림화산(風林火山)

나무 33

상상이 곧 경쟁력이다

 지식은 우리가 이미 알고 있는 정보의 집합이지만, 상상은 이 지식을 새로운 방식으로 결합하고 창조하는 능력, 즉 '창의성'과 '혁신의 원천'이며, 현재의 틀에 얽매이지 않고, 세상을 바라보는 새로운 시야를 제공한다. 그렇기에 앞으로 다가올 미래사회의 '성공의 키'는 '어떻게 다르게 생각하고, 상상하는가'에 달려 있다.

 또한, '상상의 진실'이 '역사의 진실'보다 더 큰 힘을 갖고 사람을 움직인다. 그것의 다른 예가 바로 '종교'다. '상상은 창조의 시작'이다. 당신이 원하는 것을 상상하고, 당신이 상상한 것을 원하고, 마침내 당신은 당신이 원하는 것을 창조하는 것이다. 아마추어는 걱정한 대로 되고, 프로는 상상한 대로 된다.

나무 34

발상의 전환

  중국은 자전거 천국을 넘어 자전거 지옥이다. 우리나라가 자동차 주차 문제로 골머리를 앓듯, 중국은 자전거 주차 때문에 골머리를 앓고 있다. 중국에서는 자전거 주차를 해결한 재미난 일화가 전해진다.
  어떤 사람이 자기 집 담벼락에 제발 자전거 무단 주차를 자제해 달라는 호소문을 붙였으나 소용이 없었다. 그래서 다음에는 무단 주차하는 자전거를 고발하겠다는 경고문을 붙였지만, 이 역시 효과가 없었다. 그는 한참을 궁리한 끝에 이런 글을 써 붙였다. 그러자 자전거들이 순식간에 자취를 감춰 버렸다. "자전거 공짜로 드립니다. 아무나 가져가세요."

  중국의 주차 문제를 해결한 지혜처럼 우리나라에도 쓰레기 무단 투척을 해결해 낸 일화가 있다. 한 집의 뒷문 근처에 쓰레기를 너무 많이 투척해, 호소문을 붙이고 고발하겠다는 경고문도 붙였지만, 효과가 없었다. 하지만 집주인은 생각을 바꿔, 그 주위를 깨끗이 치우고 화단을 꾸며 놓은 다음, 오히려 사람들이 쉬어 갈 수 있도록 의자를 놓으니 무단 쓰레기 투척이 끝났다고 한다.

나무 35

누구나 마음에 꽃은 핀다

지인으로부터 전화가 왔다. 쓰레기 무단 투척 때문에 고민하다 앞의 글 「발상의 전환」을 보고 화단을 꾸미고 예쁜 꽃들을 심어 놓자 쓰레기 투척이 많이 줄었지만, 아직도 몇몇 사람이 계속하여 쓰레기를 버린다는 하소연이었다. 그래서 쓰레기를 버리지 말라는 경고문을 붙이고 싶은데 어떤 문구가 좋을지, 나에게 조언을 구했다.

나는 그분께 먼저, 경고문이라는 생각을 버리고 명령하거나 가르치려 하지 말고, 마음을 움직여야 한다고 말씀드린 후, 글귀를 문자로 보내 드렸다. 사람들의 마음을 움직였으면 좋겠다.

"버리는 님의 마음에도 꽃은 피겠지요!"

풍림화산(風林火山)

나무 36

역발상과 다르게 생각하기

예전에 뽀빠이 이상용 선생이 어린이재단 이사장을 할 때의 일화다. 그는 어린이재단의 잔디밭에 다음과 같은 팻말을 세워 놓았다고 한다.
"어린이 여러분은 나라의 보배입니다. 잔디밭에 들어와서 마음껏 뛰어노세요."
그런데 오히려 "출입 금지"라는 팻말을 세워 놨을 때보다, 잔디가 거의 훼손되지 않았다고 한다.

미국의 대갑부인 빌 게이츠는 직원들을 면접할 때, 자신과 똑같은 생각을 하고 자기랑 같은 꿈을 가지고 있는 직원은 뽑지 않았다고 한다. 보통 우리는 면접을 볼 때 나와 같은 생각, 같은 꿈을 가지고 있는 사람을 선발한다. 하지만 빌 게이츠는 이런 생각을 가졌다고 한다. "나와 같은 생각을 하고, 나와 같은 꿈을 가지고 있는 사람은 나만으로 충분하다. 나는 나와 다른 생각, 다른 꿈을 꾸는 사람이 필요하다."
즉, 빌 게이츠는 자기와 생각이 다르며 언제라도 "No."라고 말할 수 있는 사람이 필요했던 것이다.

나무 37
이야기를 거꾸로 읽는다

동화는 순진무구한 아름다운 동심의 세계만을 담은 것 같지만, 그 뒤를 자세하게 들여다보면 모순된 민낯 또한 숨어 있다.『선녀와 나무꾼』이야기는 나무꾼의 측면에서 보면 소원을 성취하는 행복한 이야기다. 하지만 이야기를 선녀의 관점으로 바꾸면 어떻게 될까? 그렇게 되면 선녀가 이야기의 주체가 되면서, 선녀가 목욕하는 장면을 엿보고, 날개옷을 훔치고, 속임수로 결혼하는 나무꾼의 행동은 관음증이고, 절도이며 사기가 된다.

『흥부전』이야기도 관점을 바꾸면 이렇다. 흥부야말로 백수건달이다. 그는 열두 명이 넘는 애들을 낳고도 일을 하려 하지 않고 형한테 빌붙으러 했던, '거지 근성'으로 가득한 독립성이 없는 백수다. 오히려 놀부는 일했으며 부지런했다. 여기에서 흥부의 '착함'을 더욱 돋보이게 했던 것은 다름 아닌 '가난'이었으며, 놀부의 '악함'을 더욱 강조되었던 것은 그의 '부(富)'였음을 깨닫게 된다. 이런 맹목적인 가치관을 우리는 경계해야 한다.

나무 38

거꾸로 생각하기

 한때 고양이를 기른 적이 있다. 내가 고양이를 데리고 시간을 보낼 때는 내가 고양이를 데리고 노는 건지, 고양이가 나를 데리고 희롱하는 것인지 누가 알겠는가?
 몸을 꼼짝도 하기 싫은 날, 개를 산책시키려고 억지로라도 맑은 공기를 마시며 걷다 보면, 정신이 맑아지고 기분이 상쾌해진다. 이럴 땐, 내가 개를 산책시킨 건지, 개가 나를 산책시킨 것인지 누가 알겠는가?

 "호랑이는 죽어서 가죽을 남기고, 사람은 죽어서 이름을 남긴다."라는 말이 있다. 하지만 중요한 것은 호랑이는 가죽 때문에 죽고, 사람은 이름 때문에 죽는다는 것이다.

나무 39

엉뚱함이 세상을 바꾼다

인생을 살면서 때로는 엉뚱한 선택과 도전을 해 보면, 세상을 전혀 다르게 느낄 수 있다. 무술 고수가 그림이나 음악을 배운다든지, 화가나 작가가 마라톤에 도전하고, 목사님이 템플 스테이에 가거나, 스님이 성경 학교를 체험하는 것이다. 엉뚱한 선택은 때때로 예기치 않은 결과를 가져오기도 하고, '새로운 아이디어'와 '창의적인 생각'을 만든다. '창조는 엉뚱한 발상'에서 시작된다.

"바보의 엉뚱함이 세상을 바꾼다."
여기서 말하는 바보란 원초적이고 꾸밈없는 사람, 창피하거나 위험하더라도 도전하는 사람, 새롭고 창의적인 것을 받아들이는 사람을 말한다. 바보들의 엉뚱함은 실패할지도 모른다. 하지만 똑똑한 사람들은 시도조차 하지 않는다. 그렇게 엉뚱하게 건설 현장을 전쟁터라 생각하고, 전우들과 함께 일하는 모습을 사진에 담다 보면 처음에는 황당해 보일 수도 있지만, 의외로 노동을 즐기면서 추억에 남을 멋진 사진을 남길 수도 있다.

풍림화산(風林火山)

나무 40

쓸모없는 것의 쓸모

'사람이 과연 다른 사람을 평가하고, 쓸모없다고 말할 수 있을까?'

극단적인 예일지 모르겠지만 죄인, 병자, 방황하는 사람이 없어지면, 우리가 소위 사회 지도층이라 일컫는 검사, 판사, 의사, 성직자가 필요 없게 된다. 또한, 우리에게 1등이 돋보이는 것은 2등과 3등, 꼴찌가 있기 때문이다. 그리고 영화가 흥행에 성공하려면 주인공보다는 악역을 맡은 빌런의 역할이 더 중요하다. 그렇게 모든 것에는 다 나름의 가치가 있다.

'우리가 지구상에서 두 발을 딛고 서는 데 필요한 땅 크기는 얼마나 될까?'

발바닥 크기만큼이면 충분한가? 직접 적으로 필요한 것은 발바닥과 맞닿는 면적뿐이라고 할 수도 있다. 하지만 그 외의 땅을 다 파 버린다면 아무도 두 발로 서 있을 수 없다. 한 사람이 서 있기 위해서는 전 지구가 다 필요한 것이다. 이처럼 발바닥 크기만큼의 땅도 나머지 땅이 있어야 쓸모가 있다. '무용지용(無用之用)', 쓸모없는 것의 쓸모를 느낄 때, 삶은 더 아름답다.

풍림화산(風林火山)

나무 41

걱정과 두려움

 사람이 살면서 하면 안 되는 일 중의 하나가 아직 일어나지도 않은 내일 일을 오늘 앞당겨 걱정하는 일이다. 우린 늘 일어나지도 않는 일을 미리 걱정하며 살아간다. 그런 다음 지나고 나면 아무 일도 없고, 별일도 아닌 게 된다. 티베트 속담에는 다음과 같은 말이 있다.
"걱정해서 걱정이 없어지면, 걱정이 없겠네."

 또한, 우리가 느끼는 두려움은 실체도 없는 두려움일 때가 많다. 그래서 두려워하는 마음이 두려움을 키운다. '헤르타 뮐러'의 소설 『저지대』에서는 두려움을 다음과 같이 설명한다.
"그것은 진짜 두려움이 아니라 두려움에 대한 두려움이다. 혹시라도 두려움을 잊을지 모른다는 두려움, 두려움을 두려워하는 마음에 대한 두려움."
 필요하기 전에 고통을 겪는 사람은 필요 이상으로 고통을 받게 된다. 상상이 두려움을 만든다.

나무 42

자본주의의 모순

　자본주의는 끊임없이 '부러움'과 '부끄러움'을 자극한다. 그래서 자꾸 브랜드를 찾게 되고 그것이 자본주의를 돌아가게 하는 원동력이다. 하지만, 이제 자본주의는 부러움과 부끄러움을 느끼게 하는 '빈부의 격차'뿐이 아니라 '고용과 노동' 문제가 가장 큰 쟁점이 되고 있다. 우리의 문제는 이제 물건이 부족한 데 있는 게 아니라, 계속 그걸 쓸 소비자를 찾아서, 그걸 만드는 노동자를 계속 고용할 수 있어야 한다는 데 있다.

　난 목욕탕에서 돈을 주고 남이 나의 때를 밀어 줄 때 자본주의의 기쁨을 맛봤고, 새벽같이 일어나 인력 시장에 나갔는데 일이 없어 돌아올 때 자본주의의 절망을 느꼈다. 그러면서 생각한다. '누구든 다른 사람을 돈으로 살 만큼 부자가 되어서는 안 되고, 누구도 자신을 팔 만큼 가난해서도 안 된다.'

아름다운 항구 도시 일본 고베에서 온천욕을 즐기며

나무 43

세상에서 가장 비싼 것

"세상에서 가장 비싼 것은 공짜다. 공짜 뒤에는 가장 비싼 악마가 따라온다."

하지만 진정으로 중요한 것들은 다 공짜다. 땀을 흠뻑 흘린 후에 불어오는 시원한 바람도 공짜, 삶이 아름답다고 느껴질 때 눈부신 햇살도 공짜, 가슴이 벅차오를 때 하늘에 뜬 흰 구름도 공짜, 추억을 떠오르게 하는 저녁노을과 단풍도 공짜, 눈이 소복이 쌓인 새하얀 겨울 풍경도 공짜, 오래간만에 만난 친구의 환한 웃음도 공짜, 그리고 갑자기 내리는 소나기도 공짜다. 삶에서 정말 소중한 것은 다 공짜다.

나무 44
색에 대한 생각의 관점

  사람을 하얀 방에 가두면 자살하고, 파란 방에 가두면 엄청나게 울며, 빨간 방에 가두면 미친다고 한다. 그리고 사람이 가장 편안함을 느끼는 색은 바로 '자연(숲)의 색'인 '녹색'이라고 한다. '그래서일까?' 예전에 우리나라 최 고액권은 녹색인 만 원권이었다. 이때는 사람들이 그렇게 돈에 미치지 않았었는데, 빨간색 계열인 오만원 권으로 바뀌고 난 후에 사람들이 돈에 미쳐 가고 있다.

  그에 반해 꽃들은 각기 다른 색으로 세상에 아름다움을 채우고 있다. 빨간 꽃은 사랑을 속삭이고, 노란 꽃은 기쁨을 나누며, 하얀 꽃은 순수함을 담고, 보라 꽃은 그리움을 피워 낸다. 그렇게 모두가 함께 어우러져 '자연의 화려한 조화'를 이룬다.
  그런데 '왜 꽃은 화려하고 아름다울까?' 그것은 움직이지 못하는 식물이 자유롭게 나는 '나비와 벌'을 유인해서 짝짓기하기 위해서다. 그렇다면 '꽃이 보호색을 띠면 어떻게 될까?' 나비와 벌이 꽃을 찾지 못하게 된다. 그렇기에 꽃은, 숲의 색인 '녹색 꽃'을 거의 찾아볼 수가 없다.

풍림화산(風林火山)

나무 45

사진에 대한 생각의 관점

 동양은 자연을 '숭배의 대상'으로 봤지만, 서양은 '정복의 대상'으로 봤다. 그래서 우리는 자연이나 풍경 중심으로 그림을 그리거나 사진을 찍었고, 그에 반해 서양 사람들은 사람이나 사건 중심으로 그림을 그리거나 사진을 찍었다. 하지만 이제 스마트폰 셀카의 발전과 함께, 사람들은 '나' 중심으로 사진을 찍는다. 그런 이유로 자기만 생각하는 '개인주의'가 더 확산하고 있는지도 모를 일이다.

 이제 스마트폰으로 사진을 찍고 웹을 이용하여 수정하는 것이 필수가 됐다. 수정과 보정을 너무 많이 하다 보니 사진첩 속에는 진짜 내가 아닌 '내가 나라고 기억하고 싶은' 모습들만 남게 된다. 그리고 수십, 수백 장의 사진을 찍고 그 많은 사진에서 제일 잘 나온 것만 고른다. 그렇게 스마트폰 속의 사진은 내가 보는 세상을 보여 주는 것이 아니라 내가 보고 싶은 세상을 보여 준다.
 그렇다 할지라도 사진은 세상을 바라보는 새로운 눈을 주고, 내가 말할 수 없는 것을 말해 주며, 순간을 영원히 기억하게 해 준다.

나무 46

광장과 공원

과거 도시는 광장을 중심으로 설계되었다. 광장의 효시인, 그리스 '아고라(Agora)'에서는 시민들의 종교, 정치, 사법, 상업의 토론과 사교가 이뤄졌다. 로마 시대에는 '포럼(Forum)'으로 이름이 바뀌었고 사법 광장, 상업 광장 등으로 세분됐다.

우리의 도시들도 얼마 전까지는 어느 역 광장, 시청 앞 광장 등 공적 행사 중심의 광장이 중심이었지만, 현재의 도시들은 공원 중심으로 설계되고 있다. 재개발되는 도심과 주택지 등에서 공원이 들어서면서, 공적 토론보다 산책 등 사적 휴식의 역할이 강조되고 있다. 그러면서 걷고 싶은 거리로 도시 전체가 연결되고, 걸어서 10분 이내에 공원, 도서관, 그리고 벤치가 많은 도시를 추구하며, 그런 도시에서 사람들이 태어나고, 생활하고, 일하고, 사랑하고, 죽어 가야 한다.
　"사람은 도시를 만들고, 도시는 사람을 만든다."

나무 47

현재와 미래

사람들은 말한다. "내가 지금의 생각을 갖고 20년 전으로 돌아간다면 크게 성공할 것이다."라고. 하지만 자신이 20년 후에 가질 생각을 지금 하려는 노력은 하지 못한다. 어리석은 사람은 현재를 무시하고 미래를 계획하지만, 현명한 사람은 미래를 내다보고 현재를 계획한다. 그렇기에 미래는 당신이 오늘 무엇을 하는가에 달려 있다. 현재를 통제하는 사람이 미래를 지배하듯이, 미래를 예측하는 최고의 방법은 미래를 창조하는 것이다.

한국영화 〈써니〉에는 이런 장면이 나온다. 때는 1986년. 두 여고생이 라디오 방송을 들으며 대화를 나눈다.
"미래에는 전화를 가지고 다니며 서로 얼굴을 보면서 통화를 할 수 있대."
"웃긴다. 그럼 물도 사 먹는 시대가 오겠다."

풍림화산(風林火山)

나무 48

나이에 따른 생각의 관점

젊은 시절에는 이런 생각을 했다. '숲속을 걷다 보면 두 가지 길이 나온다. 하나는 다른 사람들이 걸었던 길이고, 다른 하나는 아무도 걷지 않은 길, 나는 아무도 걷지 않은 길을 걸을 것이다. 길이 있어 내가 가는 것이 아니라, 내가 감으로써 길이 생기는 것이다.'

나이가 들어선 이런 생각을 한다. '길을 모르면 물어서 가라, 물어볼 사람이 없으면 큰길로 가라, 큰길이 안 보이면 많은 사람이 다녔던 길로 가라.'

예전엔, 새로운 일이 생기길 바랐다. 요즘엔, 아무 일도 없기를 바란다.

젊어서는 돈과 명예를 얻기 위해 모든 시간을 투자하지만, 돈이 없고, 나이 들어서는 돈은 있는데 시간이 없다. 그래서 젊어서는 인생을 개척하고 준비해야 하지만, 나이가 들어서는 인생을 즐겨야 한다.

나무 49

소확행과 특별함

　요즘 최고의 유행어로 사람들은 '소확행(小確幸)'을 말한다. '소소하지만 확실한 행복'의 줄임말이다. 일상에서의 여유와 소박함을 강조한 말이기도 하다. 소확행은 일본 소설가 무라카미 하루키의 『랑겔한스섬의 오후』에 나오는 말로 갓 구운 빵을 손으로 찢어 먹을 때, 서랍 안에 반듯하게 정리된 속옷을 볼 때, 느끼는 행복과 같은, 일상에서 느끼는 작은 즐거움을 뜻한다. 미래보다는 현재를, 특별함보다는 평평함을 중시한다.

　나는 '소확행'도 중요하지만, '특별함'에서도 행복을 느낄 수 있어야 진정한 행복이라고 말하고 싶다. 자신의 소박한 집을 청소하는 소소한 행복도 중요하다. 그러나 가끔은 그런 집을 살 수 있는 특별한 행복도 중요하다. 부러움과 질투는 본질에서 다른 것인데 우리는 착각하고 있다. "부러우면 지는 거다."라는 말이 있다. 하지만 나는 반대로 말한다.
"부러워하지 않으면, 그게 진짜로 지는 거다."

나무 50

행동하는 행복론

 산을 좋아하면 직접 오르면 되고, 바다가 그리울 땐 배를 타면 되며, 그리고 진정으로 노래를 느끼려면 귀가 아닌, 목으로 느껴야 한다. 또한, 춤을 좋아하면 직접 배우면 되고, 어떤 책의 내용이 가슴에 와닿으면 필사를 해라. 그러면 보고, 읽고, 쓰기 때문에 내 것이 된다. 잘할 필요는 없다. 도전하는 행동 자체가 행복이기 때문이다.

 여기서 중요한 것이 있다. 나는 춤을 출 땐 춤만 추고, 잠을 잘 땐 잠만 잔다.

풍림화산(風林火山)

나무 51

너의 웃는 모습이 좋아

'운'이란 녀석이 자꾸 따라오네요.
언제는 싫다고 도망가더니,
한참 동안 코빼기도 안 보이더니,
이제는 좋다고 자꾸자꾸 따라오네요.
시도 때도 없이 나만 졸졸 따라다니네요.
그래서 제가 이 녀석에게 물었지요.
"왜 요즘 자주 날 졸졸 따라다니는 거지?"
녀석은 간단하게 대답하더군요.
"요즘 너의 웃는 모습이 참 보기 좋아!"

풍림화산(風林火山)

나무 52

피에로는 우릴 보고 웃는다

  1917년 노벨문학상을 받은 『정글북』의 작가 키플링의 소설 『왕이 되고 싶은 사나이』라는 책은 찬란하게 왕의 자리에까지 올랐었으나 지금은 다시 거지꼴을 하고 있는 한 사나이의 입을 통해 회상하는 형식으로 전개해 나간다. 지금은 모든 것을 도로 다 잃어버리고 거지꼴로 이야기를 꺼내 놓는 사나이를 보면서 나는 웃는다. 지금의 내 처지와 비슷하기도 한 것 같기에.

  우리는 어떤 일에 실패해 절망할 때, 울기보다 오히려 웃을 때가 있다. 우리의 인생을 돌아보면 내 인생이 가장 빛나던 순간이 있을 것이고, 반대로 가장 초라하던 순간이 있을 것이다. 그럴 때 유머는 가장 빛나던 순간을 즐길 수 있게 만들고, 가장 초라하던 순간을 웃으면서 건디게 해 준다. '인생에서 정말 힘든 시기 필요한 것은 무엇일까?' 바로 유머다. 가장 먼저 자신의 모자람을 웃음의 대상으로 삼아라, 그러면 언제 어디서나 웃을 수 있다. "피에로는 우릴 보고 웃는다."

풍림화산(風林火山)

나무 53

유머는 여유와 지혜다

 히브리어로 유머를 뜻하는 '호프마(Hopma)'는 '지혜'라는 뜻도 가지고 있다. 그렇기에 유머는 남을 웃기는 기술이나 농담만을 의미하지 않는다. 여유가 있어야 유머가 나온다. 그래서 유머와 웃음은 여유와 지혜다.

 중요한 것은 더 잘 웃는 것이 더 잘 사는 길이고, 더 잘 웃는 것이 더 잘 복수하는 길이며, 더 잘 웃는 것이 더 큰 복을 받는 비결이다. 억지로 웃는 웃음도 우리 뇌는 진짜 웃음으로 인식한다. 그러니 억지로라도 웃어라.
 "세상이 당신을 버렸다고 생각하지 마라, 세상은 당신을 가진 적이 없다. 하지만 당신이 웃으면 세상도 웃는다."

풍림화산(風林火山)

나무 54

지도자의 유머 1

 진정한 유머는 아래에서 위를 비판하는 것이다. 찰리 채플린의 영화 〈독재자〉처럼 히틀러에게 지배당하는 사람들이 히틀러의 흉내를 내며 관객들을 웃기게 한 것처럼 아래에서 권력자와 세력을 가진 사람을 비평하는 것이 유머다. 또한, 유머는 '자기희생'이 전제되어야 한다. 제일 저급한 유머는 유머대상자의 약점을 이용하여 깎아내리고 상처를 주는 유머다. 오히려 자신의 약점으로 다른 사람들에게 웃음과 교훈을 주도록 하는 것이 낫다. 물론, 모두에게 상처 대신 교훈을 주면서 웃음을 줄 수 있다면 더할 나위 없다 하겠다.

 다음은 미국의 조지 부시 대통령이 대통령 재임 시, 자신의 모교인 예일대 졸업식에서 한 연설이다.
 "우등상, 최고상을 비롯하여 우수한 성적을 거둔 졸업생 여러분, 축하의 말씀드리며 여러분은 미국의 주역이 될 것입니다. 그리고 C 학점을 받은 여러분께는 이렇게 말씀드리겠습니다. 여러분도 미합중국의 대통령이 될 수 있습니다."

나무 55

지도자의 유머 2

처칠 영국 총리가 30분 늦게 의회에 참석했다. 정적들이 "게으른 사람"이라고 비난하자 처칠은 의원들에게 말했다.

"의원 여러분, 늦어서 정말 죄송합니다. 늦지 않으려 했지만 잘 안돼서 죄송합니다. 그런데 여러분도 제 아내처럼 예쁜 여자와 사신다면 아침에 일찍 나오기가 쉽지 않을 것입니다. 그래서 다음부터 회의가 있는 전날에는 각방을 쓰겠습니다."

그러면서 77세의 처칠은 머리를 긁적이며 의회를 웃음바다로 만들었다.

링컨 대통령이 후보 시절, 미국 상원의원 후보 자리를 두고 대결할 때, 상대 후보가 링컨에게 공격적인 언사도 서슴지 않았다.

"당신은 두 얼굴을 가진 이중인격자요?"

그러자 링컨이 받아쳤다(링컨은 지독한 추남으로 알려져 있다).

"만약 내게 두 개의 얼굴이 있다면, 하필 이런 중요한 자리에 이 얼굴로 나왔겠소!"

그리고 링컨은 상원의원에 이어 대통령에 당선되었다.

풍림화산(風林火山)

나무 56

삶의 지혜, 그리고 유머

 한 남자가 신문 광고를 보다가 장난으로 그 광고를 낸 회사에 전화를 걸었다. 그 광고는 침대 광고인데, 광고에는 아리따운 여성이 침대에 누워 있었다.
"○○ 침대죠? 침대를 구매하러 하는데 얼마죠?"
"예. 고객님, 싱글 사이즈는 80만 원이고, 더블 사이즈는 140만 원입니다."
"더블 사이즈를 구입하려 하는데, 그럼 침대에 누워 있는 여성분도 함께 보내 주나요?"
"죄송합니다. 고객님, 그 여성분은 제일 처음 침대를 사신 분이 데려갔습니다."

 한 사람이 중국집에서 짜장면을 시켰는데, 짜장면에서 까만 바둑알이 나와 너무 황당하고 화가 나, 중국집에 전화해서 소리치며 짜장면에서 바둑알이 나왔다고 따졌다. 가만히 듣고 있던 중국집 사장이 잠시 생각하다 말했다. "네, 손님. 축하드립니다. 탕수육 경품 행사에 당첨되셨습니다!"

풍림화산(風林火山)

나무 57

한 방울의 물

다음은 마더 테레사 수녀님의 말씀이다.

"나는 한 번에 한 사람만 껴안을 수 있습니다. 모든 노력은 바다에 붓는 물 한 방울과 같습니다. 하지만, 붓지 않으면 바다는 단 한 방울일지라도 그만큼 줄어들 것입니다. 바다도 한 방울의 물로 시작됩니다."

반대로 석가모니는 그의 제자들에게 이런 질문을 한 적이 있다.

"한 방울의 물을 어떻게 해야 마르지 않을 것 같으냐?"

제자들은 서로 얼굴만 쳐다볼 뿐 누구도 대답하지 못했다. 그러자 석가모니가 그들에게 말했다.

"물방울을 바다로 옮기면 되지 않느냐!"

나무 58

물을 포도주로 바꾼 기적

19세기 초, 영국 케임브리지대학교 종교학 과목 시험 시간, 그날의 문제는 "물을 포도주로 바꾼 예수의 기적에 대해 논하라."였다. 강의실 안의 모든 학생은 저마다 답안을 열심히 작성해 나갔으나 답안지에 단 한 글자도 적지 않은 채, 창밖의 먼 산만을 바라보는 청년이 있었다. 감독관이 다가가 주의를 주었지만 계속해서 다른 곳을 응시하였고, 화가 난 교수는 다가가 백지 제출은 영점 처리된다고 경고를 하였다.

이윽고 청년은 펜을 들더니 단 한 줄을 쓰고 강의실을 나갔는데, 이 답안으로 인해 그는 최우수 학점을 받았다.

"물이 그 주인을 만나니 얼굴이 붉어지더라!"

※ 이 청년은 바로 영국의 대표적인 낭만파 시인, 조지 고든 바이런'이었으며 젊음과 반항의 상징인 반속적인 천재 시인으로 "어느 날, 아침에 일어나 보니 유명해져 있었다."라는 말로 유명하다.

나무 59

서투름의 미학

'서투르다'는 말을 좋아할 사람은 없다. 우리는 사회를 정글과 전쟁터에 비교하기도 한다. 그런 전쟁터에서 서투르다는 건 죽음을 의미하기 때문에 우리는 무엇이든지 빨리, 능숙하게 익혀야 한다고 생각한다. 하지만 서투르다는 것은 그리 나쁜 것만은 아니다. 능수능란하게 키스를 하는 이가 첫 키스의 설렘을 느끼기란 쉽지 않다. 한국말을 서툴게 하는 외국인의 모습은 왠지 바보 같은 아름다움이 있다. 나는 수련에 늦는 외국인 제자에게 빨리 오라고 문자를 보냈다. 그가 답장을 보내왔다.
"사부님, 차가 느러서 미안하오. 빨리 올게요."

처음 학교에 입학한 코흘리개의 풋풋함, 새내기 대학생의 설렘, 그리고 처음 갓난아기와 마주한 부모의 두근거림을 다시 느끼기란 쉽지 않다. 아기가 아기 노릇이 처음이듯, 아빠도 아빠 노릇이 처음이다. 그렇게 우리는 모든 것을 서툴게 시작한다. 후일에는 다시 못 올 그 느낌을, 서투름을 지금 만끽하길 바란다. 서툰 오늘이 다시 그리워질 테니 말이다.

풍림화산(風林火山)

나무 60

봄이 와요

선생님이 묻는다.
"얼음이 녹으면 어떻게 될까요?"
한 아이가 대답했다.
"얼음물이 돼요."
또 다른 아이가 대답했다.
"그냥 물요."
늘 혁신적인 사고를 보여 주는 아이는 이렇게 대답했다.
"봄이 와요."

그 아이에게 선생님이 또 다른 질문을 했다.
"한글을 창제한 왕은?"
아이가 대답했다.
"죽었어요."

나무 61

아이처럼 생각하기

　유치원 선생님이 아이들에게 색칠하기 그림을 나누어 주었다. 거기에는 오리가 우산을 들고 있었고, 선생님은 아이들에게 오리와 우산을 색칠하게 시켰다. 그러자 한 아이가 오리를 빨간색으로 칠했고, 이것을 본 선생님이 아이에게 물었다.
"넌 세상에, 빨간색 오리가 있다고 생각하니?"
　그러자 아이가 대답했다.
"선생님! 우산을 든 오리도 있는데 빨간색 오리는 왜 없겠어요!"

　선생님이 북극이나 남극에 사는 동물 다섯 마리를 써오라는 숙제를 냈다. 늘 엉뚱한 질문을 하는 아이가 숙제를 공책에 써왔다.
"북극곰 두 마리, 펭귄 세 마리."

나무 62

아이가 보는 세상

　우리는 어른이라는 이유로 아이들의 행동과 생각을 무시한다. 하지만 오히려 아이가 보는 세상이 진리일 수가 있다. 한 아이가 공원에서 유기 동물들에게 빵 조각을 던져 주고 있었고, 언제나 세계 평화만 외치는 한 할아버지가 그것을 보고 말했다.
　"애야 지금 아프리카 같은 곳에서는 굶어 죽는 사람이 태반이란다. 그런데 너는 사람도 못 먹는 빵을 동물들에게 던져 주고 있구나!"
　그러자 쪼그만 어린아이는 진지한 목소리로 대답했다.
　"할아버지, 그 먼 곳까지는 제가 빵을 못 던져요."

　멀리 있는 어려운 사람들을 도와주는 것도 좋지만, 내 주위, 내 이웃을 살피는 게 먼저다. 무료 급식소에서 봉사 활동을 하던 주부가 어느 날, 밥을 나르던 중, 자기 시아버지를 발견하고 펑펑 울었다는 이야기가 있다.

나무 63

아이가 생각하는 결혼과 기도

결혼식에 참석한 한 아이가 신부를 바라보며 엄마에게 물었다.
"엄마, 저 누나 지금 뭐 하는 거야?"
"응 결혼하는 거야."
"결혼이 뭔데?"
엄마는 아이를 바라보며 친절하게 설명했다.
"결혼이란 사랑하는 사람과 평생을 함께하면서 아주 행복하게 사는 것이란다."
그러자 아이는 말했다.
"그럼 엄마는 아직 결혼을 못 한 거네!"

주일 학교 교육 시간, 교사가 아이들을 데리고 기도에 대해 가르치고 있었다.
"주님께서 우리의 죄를 사해 주시도록 하려면 우리는 어떻게 행동해야 할까요?"
그러자 한 아이가 손을 번쩍 들고 대답했다.
"먼저 죄를 지어야죠."

나무 64

아이에게 배우는 사랑

한 엄마가 아이를 크게 꾸짖는다. 화가 많이 난 탓인지 그녀는 주위에 사람이 있다는 것도 잊은 듯, 큰 소리로 아이를 나무란다.
"이게 다 널 위해서 그런 거잖아! 엄마가 아닌 너를 위해서!"
너를 위해서라는 말은 '내가 생각한 대로' 움직이길 바라는 마음의 또 다른 핑계일 때가 많다. 사랑과 욕망을 구별하지 못하면 "너를 위해서"라고 말하며 강요하는 걸 사랑이라 착각하기 쉽다.
성모 마리아는 신이 주신 아이, 예수를 잉태하고 낳아 키웠다. 결코, 자신의 자식이라고 생각하지 않았다. 육아에서는 이처럼 자기 자식을 '타자'로 인식하는 것이 중요하다. 그러면 '대체 이 아이는 어떤 인간일까?'라는 지극히 자연스러운 관심으로 면밀하게 관찰하게 된다.
엄마에게 혼나던 아이는 "엄마 속을 들여다보고 싶다."라고 했다. 그러자 엄마는 엄마 가슴속에 뭐가 들어 있을 것 같으냐는 질문을 했고 아이는 대답했다.
"밥하고 물 그리고 하트요!"

나무 65

아이에게 배우다

아이는 어른에게 다음의 세 가지를 가르친다.
'이유 없이 즐겁다.', '잠시도 쉬지 않는다.', '바라는 것은 꼭 손에 넣는다.'
아이는 하루에도 수없이 새로운 시도를 하고, 항상 웃으며. 수많은 질문을 한다. 어른은 항상 현실에 안주하려 하고, 웃는 것을 자제하며, 질문하는 것을 부끄럽게 생각한다. 아이는 우리에게 씨앗 같은 존재다. 사과 속에 들어 있는 씨앗은 셀 수 있지만, 씨앗 속에 들어 있는 사과는 셀 수 없다.
생텍쥐페리는 『어린 왕자』를 집필하면서 이런 서문을 남겼다.
"이 책을 어른에게 바친 것에 대해 나는 어린이들에게 용서를 빈다. 어른들도 누구나 다 처음엔 어린애들이었다. 하기야 그걸 기억하고 있는 사람들은 별로 없지만."

우리는 나이가 들기 때문에 놀이를 안 하는 것이 아니라, 놀이를 멈추기 때문에 늙게 된다.

풍림화산(風林火山)

나무 66

아이의 엄마 찾기

  여섯 살짜리 아이가 엄마와 함께 시장에 갔는데, 한눈을 팔다 그만 엄마의 손을 놓치게 되었다. 아이의 시야에서 엄마가 사라지자 두려워진 아이는 엄마를 부르기 위해 다급하게 소리쳤다. 그런데 황당하게도 아이는 "엄마!"라고 외치는 것이 아니라, 엄마의 이름 석 자를 부르는 게 아닌가? 그러자 아이 엄마가 자기 이름을 부르는 것을 듣고는 금방 아이를 찾았지만, 엄마는 아이를 야단치기 시작했다.

  "이 녀석아, '엄마'라고 불러야지 사람들도 많이 보는데 엄마의 이름을 그렇게 함부로 부르면 되겠어?"

  그러자 아이가 울면서 대답했다. "엄마, 여기에 엄마들이 얼마나 많은데요. 제가 '엄마'라고 부르면 사람들이 다 돌아보지 않겠어요? 그래서 엄마 이름을 불렀어요!"

    내가 그의 이름을 불러 주었을 때
    그는 나에게로 와서 꽃이 되었다
    — 김춘수, 「꽃」 중에서

나무 67

아이에게 엄마의 역할

 매일 집 안을 어지럽히는 개구쟁이 아들을 둔 엄마가 어린 자식에게 날마다 잔소리와 꾸지람을 하는 것이 지겨워, 이번에는 생각을 바꿔 자기 방 청소와 장난감을 가지런히 정돈하는 착한 어린이 이야기를 들려줬다. 똘망똘망한 눈으로 엄마 이야기를 끝까지 듣던 아이가 말했다.
 "엄마, 그 애는 엄마도 없대!"

 아이는 항상 집에 오면 엄마를 찾는다.
 "엄마, 책가방?"
 "엄마, 밥 줘."
 "엄마, 수건?"
 그러던 어느 날, 아이가 아빠를 찾았다. 아빠는 항상 뒷전이었는데 자기를 찾는 아이가 기특하고 예뻐서 필요한 거 다 말해라고 했다.
 그러자 아이는 말했다.
 "아빠, 엄마 어딨어?"

나무 68

부모들의 바보 사랑

 젊은 부모들은 대부분 자기 아이가 천재인 줄 안다. 그뿐만 아니라 또래의 다른 아이들도 천재라는 사실을 절대로 인정하고 싶어 하지 않는다. 그래서 자기 아이가 자신밖에 모르는 바보로 성장하고 있다는 사실을 자각하지 못한다. 아이가 성장기에 삐뚤어지는 것 또한, 모두 못된 친구를 만나서 그렇다고 모든 부모가 생각한다. 그 삐뚤어진 친구가 자기 자식일 거라는 생각은 추호도 갖지 않는다. 장 자크 루소는 『에밀』에서 "아이를 불행하게 만드는 가장 확실한 방법은 언제든지, 무엇이라도 손에 넣을 수 있게 해 주는 것이다."라고 했다.

 그러함에도 가장 중요한 것은 아이는 부모의 등을 보고 배우기도 하지만, 자신의 등을 늘 바라봐 주고, 믿어 주고, 응원해 주는 부모가 있어서, 엇나가더라도 다시 제 길을 찾아갈 힘을 얻는다.

초등학교 1학년 때, 어머님과 소풍에서

나무 69

엄마는 무엇을 원할까?

 어느 집에서 말썽꾸러기 쌍둥이 형제가 모여 결심을 했다.
 "내일은 엄마의 생일, 내일 만큼은 우리가 어머니 말씀을 잘 듣고 따르자."
 그리고 다음 날 아침, 식사하러 나온 둘째 아들이 먼저 시작했다. 평소와는 달리 일찍 일어나 샤워를 한 후, 엄마에게 극존칭을 쓰며 착하게 굴었다.
 "어머니, 안녕히 주무셨습니까? 아침 차려 주시느라 고생 많으셨습니다. 설거지는 제가 하겠습니다."
 처음에는 장난으로 생각해 웃어넘긴 엄마도 둘째 아들이 밥을 먹는 내내 계속해서 말을 높이고 예의를 차리자, '둘째의 머리가 어딘가 이상해진 것은 아닌가?' 하고 생각했다.

 그런데 첫째 아들이 나와서 둘째와 똑같이 하는 게 아닌가. 그러자 엄마는 '내가 이상해진 것이 아닌가?' 생각했고, 점점 불안해지기 시작했다. 갑자기 예전의 아들들이 그리워지기 시작했고, 아들들이 계속하여 예의를 차리고 설거지에 집 청소까지 하자, 아들들에게 큰소리를 지르며 화를 냈다.
 "그만해!"

엄마의 현명한 한마디

　엄마와 딸이 TV를 보다 금수저와 흙수저에 대한 방송을 보고 대화를 한다.
　딸이 엄마에게 묻는다.
　"엄마, 왜 우리 부모는 재벌이 아니세요?"
　한참을 말이 없던 엄마가 말했다.
　"너는 왜 김연아가 아니니!"

　열심히 공부하는데 성적이 오르지 않는 학생이 있었다. 여기저기 유명 학원에 다녀 봤지만, 성적은 항상 제자리였다. 기말고사를 마친 어느 날, 성적표가 나왔는데 놀랍게도 100점 만점에 한 과목만 40점이고, 나머지는 전부 30점이었다. 결과에 시무룩하게 낙담에 빠진 아이에게 어머니가 조용히 한 말씀 하셨다.
　"애야, 너무 한 과목에만 치중하는 거 아니니!"

나무 71

엄마의 재치 있는 복수

엄마와 딸이 택시를 타고 뒷골목을 가고 있는데, 길거리에 매춘부들이 줄줄이 서 있었다. 그러자 딸이 엄마에게 물었다.
"엄마, 저 언니들은 짧은 치마 입고 저기서 뭐 하는 거야?"
"으응, 친구를 기다리는 거란다."
그러자 택시 기사가 촐싹대게 말했다.
"에이, 아줌마. 창녀라고 얘기해야지, 왜 거짓말을 해요?"
그러자 딸이 물었다.
"엄마, 창녀가 뭐야?"
엄마는 택시 기사를 째려보고 난 후, 어쩔 수 없이 딸에게 창녀가 뭔지 설명해 줬다.
그러자 딸이 되물었다.
"엄마, 그럼 저 언니들도 아기를 낳아?"
"아주 가끔 그럴 때도 있단다."
"그럼 그 아기들은 어떻게 돼?"
그러자 엄마는 택시 기사를 힐끔 보고 대답했다.
"그 아기들은 대부분 택시 기사가 된단다!"

나무 72
남자와 여자의 생각의 관점

 세상에서 가장 어설픈 거짓말은 남자가 하는 거짓말이고, 그 거짓말을 믿어 주는 건, 세상에서 젤 똑똑한 여자들이다. 남자들은 여자들에게 뭔가를 설명하기를 좋아한다. 그러면 아는 것이 많은 것처럼 보이기 때문이다. 여자들은 설명 듣기를 좋아한다. 듣는 척하고 있으면 남자들이 즐거워한다는 사실을 알기 때문이다. 남자는 모르는 것도 아는 체하고, 여자는 아는 것도 모르는 체한다.
 남자는 자기 여자가 될 때까지 잘해 주고, 여자는 자기 남자가 된 후부터 잘해 주기 시작한다. 여자는 손잡고 뽀뽀했으면 다 줬다고 생각하고, 남자는 이제부터 시작이라고 생각한다. 또한, 여자는 돈이 없으면 다른 생각을 하지만, 남자는 돈이 있으면 딴생각을 한다.

 사랑이란 한 사람을 사랑하는 것이 아니라, 그 사랑을 통해서 세계를 사랑하는 것이다. 또한, 진정한 사랑은 해피 엔딩으로 끝나지 않는다. 왜냐하면, 진정한 사랑은 끝나지 않기 때문이다.

나무 73

가장 행복한 여자

목사님이 신도들에게 물었다.
"하나님이 우주를 창조하신 이래 가장 행복한 여자는 누구일까요? 두 사람만 말해 보세요."
아무도 대답을 못 하자 목사님이 말했다.
"그건, 이브와 성모 마리아입니다."
그러자 모두 의아한 듯이 목사님을 바라보았고, 목사님은 싱긋이 미소를 지으며 계속 말을 이어 나갔다.
"이브는 시어머니를 모신 적이 없고, 성모 마리아는 며느리를 본 적이 없기 때문입니다."

풍림화산(風林火山)

나무 74

여자를 만나려면 굴복해라

세계의 바람둥이로 알려진 카사노바의 자서전 『불멸의 유혹』을 읽다 보면 카사노바는 생각보다 문학적이고, 예술적이며, 철학적이고, 종교적인 사람이었다는 것을 알게 된다. 그는 책에서 밝힌다.
"사람들은 내가 수많은 여자를 정복한 줄로 알고 있지만, 사실 나는 수많은 여자에게 굴복했기에 수많은 여자를 만날 수 있었다."

카사노바는 많은 여자를 사랑했을 뿐, 상대를 자신의 소유물로 생각하는 이기적 남자도 아니었고, 자신이 한 여자에게 충실했던 적이 없듯, 자신이 사랑한 여자에게도 충실함을 바라지 않았다. 상대의 애인도 인정해 주었고, 사랑한 여성의 미래를 걱정해서 돈 많은 배우자를 주선해 주기도 했다. 카사노바는 여자를 소유하려 이중 잣대를 들이대는 다수의 일반적인 남자들과 달리, 자신과 상대가 사랑하고 있다는 사실 자체에 만족한 로맨티시스트였다.
카사노바는 죽어 가면서 마지막으로 다음과 같은 말을 남겼다고 한다.
"나는 철학자로 살았고, 기독교인으로 죽는다."

풍림화산(風林火山)

나무 75

실연을 당했을 땐 웃어라

 한 사람이 매우 슬피 우는 모습을 보고 철학자가 물었고, 그가 대답했다.
 "실연을 당했어요."
 철학자는 손뼉을 치며 크게 웃었고, 그 남자는 울음을 멈추고 화를 내며 물었다.
 "교양이 있으신 분들은 그렇게 다른 사람을 비웃고 우롱해도 됩니까?"
 철학자는 말했다.
 "나는 자네를 비웃지 않았네. 자네 스스로가 자신을 비웃어야 한다네."
 철학자는 계속해서 설명했다.
 "자네가 그렇게 상심하는 것을 보니 자네 마음속에는 아직 사랑이 있다는 것인데, 자네 마음속에 사랑이 있다면 상대방은 필경 사랑이 없을 것이네, 그렇지 않다면 왜 헤어졌겠는가? 하지만 사랑은 자네 쪽에 있으니 아직 사랑을 잃어버린 것은 아니네. 단지 자네를 사랑하지 않는 한 사람을 잃은 것뿐인데 그렇게 상심할 필요가 있는가? 내 생각에는 울어야 할 사람은 자네가 아니라 그 여자야. 그녀는 자네를 잃었을 뿐만 아니라 마음속에 있는 사랑도 잃어버린 거야. 이 얼마나 비극적인가!"

나무 76

사별의 슬픔을 견디는 법

 어느 날, 아내의 죽음으로 상실과 우울증에 빠진 한 노인이 한 정신의학 박사에게 상담을 받기 위해 찾아왔다. 그 노인은 현재의 참담함과 슬픔을 박사에게 얘기했고, 박사는 노인에게 물었다.
 "만일 선생님이 먼저 돌아가셔서 선생님의 아내가 혼자 남아 있다면 어땠을까요?"
 노인은 펄쩍 뛰며 말했다.
 "안 될 말이오, 내가 겪는 이 끔찍한 절망을 사랑하는 내 아내가 겪게 할 수는 없소."
 박사는 조용히 말했다.
 "지금 선생님이 겪고 있는 고통은 아내가 받았을지도 모를 아픔을 대신한 것입니다."
 노인은 박사의 손을 꼭 잡은 후, 평안한 얼굴로 돌아갔다.

 "죽음은 죽는 자보다 죽는 자를 지켜보는 이가 더 많은 고통을 끌어안는다."

나무 77

눈물과 슬픔

 구름이 슬픔을 이겨 내는 방법은 울 수 있을 때까지 우는 것이다. 그러다 더는 울 수 없게 되면, 지금까지 흘린 눈물의 무게만큼 구름은 가벼워진다. "눈물은 흘리면 흘릴수록 그 흘린 눈물의 양만큼 영혼이 맑아진다."라는 말이 있다.

 하지만, 그렇다 할지라도 눈물과 슬픔은 절제되어야 한다. 우리는 어떤 사람이 우스운 것을 보고 크게 웃는 걸, 경박스럽다고 생각한다. 그것처럼 어떤 슬픔도 너무 과하게 슬퍼하면 슬픔을 느끼게 할 정도로 소중한 것이 슬픔에 묻히게 된다. 그렇기에 소중한 것을 더 소중하게 간직하려면 눈물과 슬픔은 절제되어야 한다.

방황하는 현대인

　사람을 위해 돈을 만들었는데 돈에 너무 집착하다 보니 사람이 돈의 노예가 되었고, 몸을 보호하기 위해 옷을 만들었는데 너무 좋은 옷을 입으니 사람이 옷을 보호하게 되었으며, 사람이 살려고 집을 지었는데 집이 너무 좋고 집 안에 비싼 게 너무 많으니 사람이 집을 지키는 개가 되었다.

　어린 시절엔 어른 되기를 희망하고, 어른이 되어서는 다시 어린 시절로 돌아가기를 갈망한다. 또한, 미래를 염려하다가 현재를 놓쳐 버리고, 늘 행복을 옆에 두고도 다른 곳을 헤매며 찾아다니다, 일찍 지쳐 버려 미래도 현재도 둘 다 누리지 못한다.
　"인간은 절대 죽지 않을 것처럼 살지만, 조금 살다가 살았던 적이 없었던 것처럼 죽는다. 그렇게 방황하는 '현대인(現代人)'이 오늘날의 바로 '나' 자신이다."

풍림화산(風林火山)

나무 79

바보가 삶의 고수다

 세상엔 똑똑한 사람들 천지다. 손해 보는 것은 죽어도 안 하고, 최소한의 노력으로 최대한의 성과를 거두는 요령 좋고, 약삭빠른 사람들로 가득하다. 그런가 하면 세상엔 "바보"라는 말을 듣는 사람들도 있다. 바보스러워 보일 만큼 정직하고 낙천적인 그들은, 허세를 부리는 일 없이 묵묵히 자기 일만 한다. 알면서도 모르는 척, 듣고도 못 들은 척, 보고도 못 본 척, 주고도 안 준척, 안 좋아도 좋은 척, 슬퍼도 기쁜 척, 우리는 그런 사람을 "바보"라 부른다.

 하지만 바보는 히죽히죽 웃는다. 바보는 과정을 즐기기 때문에 현재가 즐거울 따름이다. 웃을 일이 있어서 웃는 것이 아니라, 모든 것을 웃을 일로 받아들이기에 웃는다. 바보는 착하게만 사는 것이 아니라, 자신의 행복과 만족을 제일 중심에 두고 행동한다.
 천재의 장점은 결점이 없다는 것이고, 바보의 단점은 결점이 너무 많다는 것이다. 하지만 결점이 많아서 발전할 수 있다는 것, 그것이 바보가 가진 최대의 장점이다.

풍림화산(風林火山)

나무 80

천재와 바보 사이 1

 어느 부자가 복어를 선물로 받았다. 그는 사람을 시켜, 복국을 맛있게 끓였다. 그런데 그 부자는 복국을 잘못 끓이면 그 독으로 인하여 죽을 수도 있으므로 걱정이 들었다. 걱정하던 그 부자는 생각 끝에, 집 앞 다리 밑에 있는 거지를 불러 그에게 복국 한 그릇을 선물했다. 오후에 보니 그 거지가 돌아다니는 것을 보고, 그 부자도 복국에 독이 없는 것을 알고, 안심하고 한 그릇을 모두 비웠다. 그리고 일을 보러 가기 위해 다리를 건너는데 그 거지가 그때야 복국을 먹고 있는 게 아닌가? 그 부자는 의아해하면서 그 거지에게 물었다.
 "어찌하여 이제 서야 복국을 먹고 있는 게냐?"
 그 거지는 대답했다.
 "나리께서 돌아다니는 것을 보고 이제야 안심하고 먹고 있습니다. 맛있게 잘 먹겠습니다."

나무 81

천재와 바보 사이 2

 한 골동품 수집가가 골동품을 수집하러 다니다가 어느 시골식당에서 밥을 먹게 되었다. 그 식당에서 기르던 개도 밥을 먹고 있었는데 유심히 보니 그 개밥그릇이 예사롭지가 않았다. 더 자세히 살펴보니 아주 귀한 골동품이었다. 그래서 그것을 사기로 마음먹었다. 하지만 개 밥그릇을 산다고 하면 골동품인 것을 주인이 눈치챌까 봐, 우선 개를 사야겠다고 생각하고 주인과 흥정을 했다.
 "여보 주인장, 여기 있는 이 개가 아주 마음에 드는데 나에게 파시오. 100만 원 드리겠습니다."
 식당 주인은 이런 별 볼 일 없는 똥개를 아주 값비싸게 사주는 것이 고마워, 바로 개 목줄을 건네주고 100만 원에 개를 팔았다. 물론 밥값도 따로 받았다.
 골동품 수집가는 다시 주인과 흥정을 했다.
 "주인장, 그 개 밥그릇도 같이 파셔야죠? 그래야지 개가 밥을 먹을 거 아닙니까?"
 그러자 주인이 정색하면서 말했다.
 "아유, 이건 안 돼유. 이 밥그릇 때문에 개를 100마리도 넘게 팔았는데유."

나무 82

종이 신문의 힘

한 여성이 몇백억 원대의 사기 사건으로 정, 재계를 뒤흔든 적이 있었다. 사기당한 사람들은 은행가, 펀드매니저, 정치인 등 소위 사회 지식층이었다. 그러면서 사기당한 사람들이 놀란 것은 그녀의 경제에 대한 해박한 지식과 통찰력이었다고 한다. 또한, 그녀가 초등 교육도 제대로 받지 못한 전과자였다는 데 사람들은 더 놀라워했다.

그녀는 3년간 감옥에 복역하면서 매일같이 경제 신문을 한 줄도 빠짐없이 열 번 이상 읽고, 읽고 또 읽었다고 한다. 그렇게 하루하루가 지나면서 '코스피'가 뭔지, '코스닥'이 뭔지, 그리고 '한국 경제의 흐름과 동향'에 대해 알게 되었다고 한다. 하긴 경제 신문은 최고의 경제 전문가들이 매일 경제를 분석하고, 흐름과 동향, 그리고 평론과 전망 등을 쓰는 신문이기 때문에 그럴 만도 했다.

인터넷 뉴스는 알고리즘을 통하여 '내가 보고 싶은 뉴스'를 제공하지만, 종이 신문은 대중들이 알아야 할, '다양한 분야의 정보와 기사'를 제공한다. 그렇기에 다양한 분야에 외로운 결단을 내려야 하는 많은 리더가 오늘도 종이 신문을 읽는다.

풍림화산(風林火山)

나무 83

검색보다는 사색이다

 어떤 지식을 '참지식'으로 만들기 위해서는 책을 몇 권씩 읽어야 한다. 인터넷이나 AI로 손쉽게 얻은 지식은 그저 손쉬운 지식에 불과하다. 그저 아는 척하는 사람만 늘 뿐이다. 물론 개중에는 대단한 녀석도 있다. 인터넷으로 수집한 정보만으로 원자 폭탄을 만드는 녀석이 있는가 하면, 세계를 감동하게 할 만한 논문을 쓰는 사람도 있을지 모른다. 하지만 그런 사람들은 인터넷 없이도 그런 일을 할 수 있다.

 우리에게 〈자토이치〉라는 영화로 잘 알려진 일본의 영화감독, 배우, 작가, 화가로 활동하는 기타노 다케시는 『위험한 도덕주의자』라는 책에서 다음과 같이 쓰고 있다.
 "인터넷 덕분에 늘어난 것은 인류 전체의 지식의 양이 아니라, 자신이 모든 것을 알고 있다고 착각하는, 그리하여 자신만이 옳다고 굳게 믿고 있는 사람의 숫자다."
 미래 사회에 중요한 것은 검색보다는 사색이다.

풍림화산(風林火山)

나무 84

아름다운 전통

자줏빛과 푸른색 세로줄 무늬 유니폼으로 유명한, 스페인 명문 구단 FC 바르셀로나는 창단 이후, 106년간 한 번도 유니폼에 광고한 적이 없었다. 다른 구단들이 굴지의 기업들로부터 스폰서 비용을 받고 유니폼에 광고하지만, 바르셀로나만 고집스럽게 전통을 지켜 왔다. 그렇게 오랜 역사와 전통을 이어오는 어느 날, 구단에서 선수들의 가슴에 홍보 문구를 넣는다고 선언했다. 유니폼은 물론, 특히 가슴에 홍보하지 않는 전통을 깬 것이었다. 바르셀로나의 시민과 구단 팬들은 난리가 났다.

처음 가슴에 홍보 문구를 달고 입장하는 대회 날, 군중과 팬들은 경기장을 뒤집어엎을 기세였다. 그러나 바르셀로나 선수들이 한 명 한 명 뛰면서 입장하자, 그 '야유와 함성'은 모두 '기립박수'로 바뀌었다.

바르셀로나 선수들의 가슴에는 다음과 같은 문구가 적혀 있었다. "unicef." 이후 'FC 바르셀로나'는 지금까지 그 전통을 이어오고 있으며, 매년 구단 수익의 일부를 '유니세프'에 기부하고 있다.

풍림화산(風林火山)

나무 85

더불어 사는 삶

  할아버지와 손자가 밭에서 콩을 심고 있었다. 손자가 흙에 구멍을 내면 할아버지는 콩 세 알을 넣고 흙을 덮었다. 손자가 이상해서 물었다.
"할아버지 구멍 하나에 콩 한 알만 심으면 되지 왜 세 알씩 넣으세요?"
  할아버지는 구슬땀을 훔치고, 허허 웃으며 얘기한다.
"그래야 하늘을 나는 새가 한 알 먹고, 땅에서 사는 벌레가 한 알 먹고, 나머지 한 알이 자라면 사람이 먹는 거란다."

  태양은 자신을 스스로 비추지 않고, 나무는 자신의 열매를 먹지 않으며, 바다는 절대 물을 사용하지 않으면서 세상의 모든 물줄기를 받아들인다. 남을 위해 사는 것이 '자연의 법칙'이다. 그것이 곧 나를 위해 사는 길이다.
  천사가 나타나기를 기다리는 것보단, 내가 천사가 되는 쪽이 세상을 더 아름답게 한다.

풍림화산(風林火山)

나무 86

우리에게 필요한 지혜

암기하는 정보가 아니라,
생각하고 '상상하는 힘'이다.

빈틈없는 논리가 아니라,
'비어 있는 공간'이다.

책 속에 깨알 같은 글씨가 아니라,
'펜을 쥔 손에 박힌 굳은살'이다.

보고 듣고 말하는 것이 아닌,
'행동하는 양심'이다.

나무 87

천사를 보았다

 통원 치료를 받다 보니, 한두 달에 한 번씩 피 검사를 하고, MRI나 CT 촬영을 한다. 그런데 어느 날은 채혈하는데 간호사가 너무 예뻤다. 나는 피 보는 것에 선천적으로 두려움이 있어 고개를 옆으로 돌렸다. 그러자 간호사가 미소를 띠며 얘기했다.
 "어라, 재영 님. 무술 하시는 분이 약한 모습."
 그녀의 웃는 모습은 천사 그 자체였다.
 남자들의 착각이 있다. 아무 상관없는 여자라도 자신에게 친절하게 대하면, 자기한테 관심 있는 줄 안다. 나도 그랬다. 무언가 그녀를 재미있게 해야 했다. 그래서 생각하고 생각한 끝에, 나는 유머랍시고 간호사에게 말했다.
 "그런데 왜 피는 뽑기만 하고 보충은 안 해 주세요?"
 그러자 그녀가 대답했다. 여전히 천사 같은 미소로.
 "재영 님, 피를 보충해야 할 경우는 위급한 경우니 다행스럽게 생각하세요."
 나는 그날 천사를 보았다.

나무 88

의미 있는 하루

병원에 입원하여 제5차 '간동맥 화학색전술'을 시술하는 날, 대퇴동맥을 통해 관을 간까지 삽입, 간 종양에 영양을 공급하는 동맥을 찾아 항암제를 투여한 다음 혈액을 차단하는 치료법이다. 다섯 번째 시술이라 익숙해질 만도 한데, 여전히 항암제는 속이 울렁거리고, 구토가 나며 어지럽다. '언제쯤 이 지긋지긋한 싸움이 끝날는지….'

간호사가 나에게 묻는다.

"재영님, 꼼짝도 못 하는 것이 제일 힘들죠? 힘들고 아픈 정도를 1번부터 10번까지 중 말씀해 주세요."

나는 말했다.

"9번요."

그리고 덧붙였다.

"더 힘든 날을 위해 10번은 아껴 두는 거예요."

간호사가 '씨익' 웃는다.

난 오늘 세계 82억 인구 중, 한 사람을 웃게 했으니 의미 있는 하루를 살아 냈다.

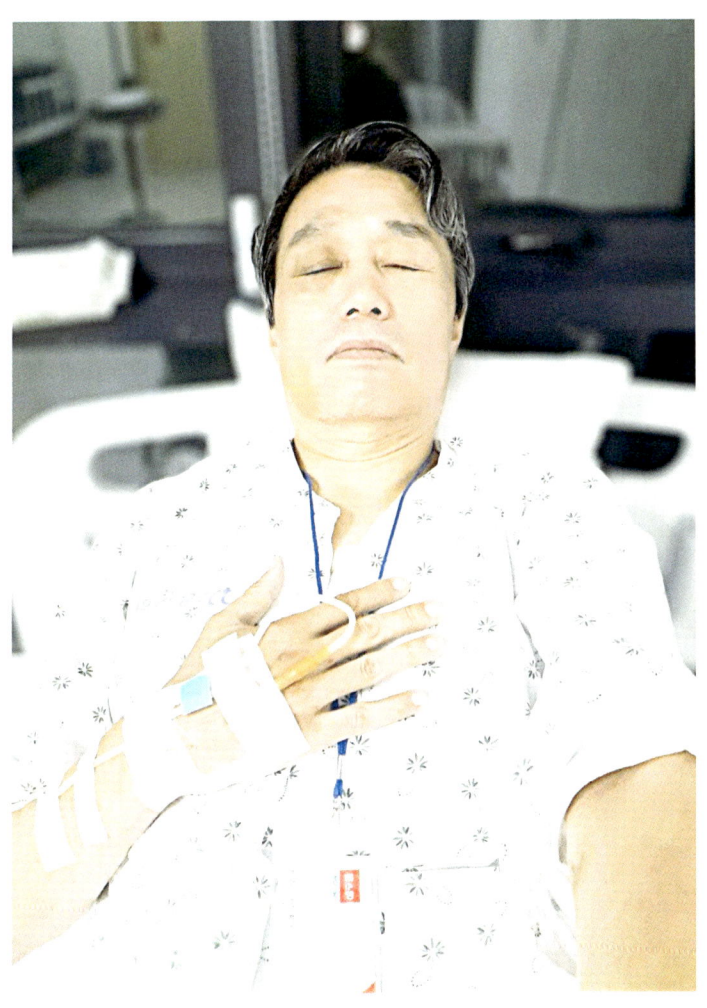

풍림화산(風林火山)

나무 89

몸이 젖으면, 비는 두렵지 않다

 인생을 살아가다 상처받았을 땐, 피하려 하지 말고 온몸으로 느껴라. 피할 수 없으면 부딪히는 거다. 그렇게 부딪히며 극복하는 것이 아닌, 주저앉으며 배우는 거다. 상처를, 고통을, 그만큼 느끼는 거다. 피할 수 없는 시련이라면. 고통받고 아파야 성숙한다. "흉터가 남지 않을 정도의 상처는 자주 경험해야 더 단단해지고, 성장한다. 그것이 삶이다. 소나기가 한나절을 오기는 쉽지 않다. 또한, 매일 맑으면 사막이 된다. 중요한 것은 몸이 젖으면 더는 비를 두려워하지 않게 된다."

 대추가 저절로 붉어질 리는 없다
 저 안에 태풍 몇 개
 저 안에 천둥 몇 개
 저 안에 벼락 몇 개
  ― 장석주, 「대추 한 알」 중에서

풍림화산(風林火山)

나무 90

싸우지 말고 친구가 돼라

 치료가 오래 걸리는 큰 병이나 암에 걸렸다면, 싸우려 하지 말고 친구처럼 관리하며 이렇게 생각해라.
 '나는 너를 죽일 생각이 없다. 그러니 너도 나를 죽이지 마라. 너는 나를 죽이는 순간, 화장되어 너도 불타 죽을 것이다. 그러니 우리 함께 살아가자.'
 모든 바이러스나 병은 절대 숙주를 죽이지 못한다. 숙주를 죽이면 자기도 죽는다는 것을 알기 때문이다. 숙주를 죽이는 것은 숙주 자기 자신이다.
 암이 몸을 아프게 하는 것이 아니라, 아파서 암이 생기는 것이다. 아픈 사람처럼 생각하고 행동하면 아프게 되고, 건강한 사람처럼 생각하고 행동하면 건강하게 된다. 그렇기에 나는 하루하루 노동을 즐기며 글을 쓰고 있다.

 불교의 수행법 중 '보왕삼매론(寶王三昧論)'에는 이런 글귀가 있다.
 "몸에 병 없기를 바라지 마라. 몸에 병이 없으면 탐욕이 생기기 쉽나니, 병고로써 양약을 삼으라."

풍림화산(風林火山)

나무 91

몸이 전부다

 우리는 학교에서 오랫동안 정신을 강조하면서 마치 몸은 정신의 소유물인 것처럼 배웠다. 하지만 가만히 생각해 보면 몸이 없으면 정신도 없는 것이다. 몸에 붙어 있는 것이 정신이다. 한번 아파 보면 몸이 얼마나 중요한지, 오히려 정신이 어떻게 몸에 지배당하는지 알게 된다.

 생각은 과거와 미래를 왔다 갔다 한다. 하지만 몸은 늘 현재에 머문다. 그렇기에 현재의 몸만큼 중요한 것은 없다. 몸이 곧 나이다. 인생도, 사업도, 연애도, 마음대로 되지 않고, 마음도 내 것이지만 내 마음대로 되지 않는다. 하지만 내 마음대로 되는 것이 하나 있다. 바로 몸이다. 몸은 배신하지 않는다. 몸을 돌보면 몸도 나를 돌본다. 하지만 몸을 돌보지 않으면 몸이 반란을 일으킨다. 명심해라! 몸은 기억하고 복수한다.

 전에는 사람들이 땀을 흘리고 돈을 받았지만, 지금은 돈을 내고 땀을 흘린다. 반면 바보 같은 사람들은 돈을 벌기 위해 건강을 해치고 나서는, 잃어버린 건강을 되찾기 위해 번 돈을 다 써 버린다. 그러고는 몸이 망가진 후에야, 비로소 몸이 전부라는 사실을 깨닫게 된다.

풍림화산(風林火山)

나무 92

몸은 마음이며 하늘이다

독서와 명상이 '정신의 자유'를 준다면 운동은 '육체의 자유'를 준다. 꾸준히 운동하면 내 몸을 내 마음대로 할 수 있는 수준에 도달한다. 운동은, 수련은, 오롯이 몸 하나만 생각하면 된다. 단순하고 깨끗하다. 땀을 흠뻑 흘린 후, 샤워하고 거리를 걸으며 하늘을 보면, 세상을 다 가진 기분이 든다.

몸은 무엇인가 겉으로 보이는 마음이다.
마음은 무엇인가 보이지 않는 몸이다.
몸 가는 데 마음 가고, 마음 가는 데 몸이 간다.
몸 상태를 보면 마음 상태를 볼 수 있고,
마음 상태를 알면 몸 상태를 알 수 있다.
몸은 최고의 무기이고, 마음은 최선의 무기다.
그렇기에 몸은 마음이며 곧 하늘이다.

풍림화산(風林火山)

나무 93

근육은 아파야 강해진다

 몸 근육을 키우려면 근육이 정상적으로 지탱할 수 있는 무게보다 더 많은 부하를 주어야 한다. 그렇게 근섬유가 찢어지면서 상처가 나고 회복이 되면서 근육이 성장하게 된다. 우리는 이것을 '알이 밴다'라고 알고 있다. 물론, '균형 잡힌 영양섭취'와 '충분한 휴식'은 필수다. 이처럼 근육을 만드는 방법은 먼저 시련을 주고, 몸의 '초과 회복 능력'을 이용해서 더 강하게 만드는 것이다. 즉, '건설적인 파괴'다.

 가장 힘들 때, 가장 기뻐해라. 힘들지 않으면 근육은 생기지 않는다. 유독 운동을 하기 싫은 날이 있다. 한계에 이른 몸이 그만하면 됐다고 유혹하는 소리다. 하지만 거꾸로 생각하면 조금만 더 하면 몸을 변화시킬 수 있다는 신호다.
 가장 하기 싫을 때, 몸은 가장 많이 변할 수 있다. 복싱의 전설 무하마드 알리는 윗몸 일으키기를 몇 개 하느냐는 질문에 이렇게 답했다. "나는 횟수를 세지 않는다. 아프기 시작한 다음부터 센다. 그때부터가 진짜 운동이기 때문이다."

풍림화산(風林火山)

나무 94

운동은 즐거야 한다

'무도(武道)'나 운동 등을 직업으로 하는 사람들은 운동을 '자기 자신과의 싸움'이라는 생각으로 그것을 '인내와 극기'로 이겨 내려 한다. 그렇게 몸을 혹사하기 때문에 오히려 평균 수명이 짧다는 연구 결과도 있다.

그에 반해, 운동이 취미인 사람들은 그냥 그것을 즐긴다. 골프, 승마, 스키 등을 취미로 가진 사람들은 그냥 그것을 즐긴다. 그래서 그들은 눈을 감아도, 꿈속에서도 그것을 생각하고 꿈꾼다. 같은 근력 운동을 해도 어떤 사람은 고통을 이기고, 인내하고, 극복하려 하지만, 운동을 즐기는 사람은 근육이 당기는 짜릿한 고통과 숨이 턱까지 차는, 그 순간의 희열을 즐긴다.

유럽 축구가 세계 최강인 이유도 축구를 즐기기 때문이다. 한국 축구 선수들은 축구 경기가 끝나면 가족과 지인들로부터 이런 질문을 받는다. "오늘 이겼어?" 하지만 유럽 축구 선수들은 가족과 지인들로부터 이런 질문을 받는다고 한다.

"오늘 재밌었어?"

"오늘 즐거웠어?"

풍림화산(風林火山)

나무 95

걷기 예찬

인간의 스트레스를 해소하는 가장 좋은 방법은 걷기라고 한다. 걷기는 누구나, 언제 어디서나, 할 수 있는 가장 쉬운 운동이며, 특별한 장비나 경제적인 투자 없이도 할 수 있는 가장 안전한 유산소 운동이다.

또한, 걷기는 가장 철학적이고, 예술적이고, 혁명적인 인간의 행위이며, 삶의 질을 높이는 가장 좋은 방법이다. 인간은 '직립 보행'을 하며 걸으면서 살아왔다. 걸어야 갈 수 있고, 만날 수 있으며, 볼 수 있다. 그리고 걸어야 싸울 수 있고, 이길 수 있으며 살아갈 수 있다. 그렇게 걷고, 걷고 또 걷다 보면, 하늘과 바람과 별과 내가 하나가 된다.

일이 막힐 때는 무조건 걸어 보세요. 걷다 보면 불필요한 생각은 떨어져 나가고, 누군가에게 그 답을 구하지 않아도 스스로 답을 알게 됩니다. 신선한 에너지가 몸 구석구석까지 흐르기 시작하면, 의식은 명료해지고 사고는 단순해집니다. 그래서 무엇이 중요한지 알게 되고, 행동도 진취적으로 바뀌게 됩니다. 걸음을 잘 걷는 습관 하나가 귀하의 운명을 바꿀 수 있습니다.

풍림화산(風林火山)

나무 96

걷기의 힘

 장 자크 루소는 걷기에 대해 "나는 걸을 때 명상을 할 수 있다. 걸음이 멈추면 생각도 멈춘다. 나의 정신은 오직 나의 다리와 함께 움직인다."라고 하였으며, 프리드리히 니체는 "진정 위대한 모든 생각은 걷기에서 나온다."라고 했다. 또한, 『동의보감』의 허준 선생은 "좋은 약을 먹는 것보다는 좋은 음식이 낫고, 음식을 먹는 것보다는 걷기가 더 낫다."라고 하였고, 의학의 아버지 히포크라테스는 "최고의 약(藥)은 걷는 것이다."라고 했다.

 의학 박사이며 의료법인 유화회(裕和會) 이사장인 나가오 가즈히로는 『병의 90퍼센트는 걷기만 해도 낫는다』라는 책에서 아토피성 피부염, 변비, 우울증부터 고혈압, 골다공증, 암까지 병의 90퍼센트를 예방하고, 치료하는 걷기의 힘을 보여 주고 있으며, 걷기가 생활 습관병, 암, 치매, 우울증, 불면증, 위장 질환, 감기 등 각각의 질병을 어떻게 치료하는지 환자들의 실사례들을 설명했다.

풍림화산(風林火山)

나무 97

나는 걷는다

 나는 2년 동안 대한민국 국토를 걸었다. 첫 시작은 쉬는 주말 금요일, 대중교통을 이용하여 땅끝 마을인 해남으로 내려갔다. 해남에 도착하여 2박 3일 동안 대한민국 국토를 걸었고, 일요일 저녁 다시 대중교통을 이용하여 집으로 돌아왔다. 그리고 다시 다음 주 금요일, 먼젓번 일요일 종주가 끝난 곳으로 대중교통을 이용하여 내려가, 다시 거기부터 종주를 시작했다. 일요일까지.
 아주 특별한 어떤 주말은 사정으로 거를 때도 있었지만, 해남부터 시작해 통일전망대까지 걸어서 종주하는데 2년이라는 시간이 걸렸다. 그렇게 나는 대한민국의 산과 들판 그리고 도시와 바닷길을 걸었다.

 또한, 제주 올레길과 한라산도 걸었고, 울릉도 해안도로를 걸었으며 일본 교토, '철학의 길'과 '이나리 신사', 그리고 '아라시야마 대나무 숲'을 걸었다. 그리고 현재는 이 책의 출판을 마치면, 40일간의 여정으로 스페인의 '산티아고 순례길'을 걷기 위해 준비 중이다.

풍림화산(風林火山)

나무 98

걷기와 명상 호흡법

걷기는 좋은 운동이지만 호흡법을 같이 실행해야 더 큰 효과를 볼 수 있다. 우리의 호흡은 산소를 흡입하는 '들숨'과 이산화탄소를 내쉬는 '날숨'으로 이루어져 있다.

나의 호흡법은 세 걸음으로 시작했다. 세 걸음 걸으면서 천천히 코로 숨을 들이마시고, 세 걸음 걸으면서 입으로 숨을 내쉰다. 이때 들숨은 모든 좋은 기운을 다 들이마신다고 생각하며 산소를 마시고, 날숨은 내 몸 안의 모든 나쁜 기운을 다 뱉어 낸다고 생각하며 이산화탄소를 내 쉰다.

마지막에는 양팔을 하늘 높이 벌려 올리면서 몸을 뒤로 젖혀, 코로 산소를 최대한 들이마시고 다시 땅으로 숙이면서 입으로 이산화탄소를 모두 내쉬기를 반복한다. 그렇게 하늘을 보며, 숲과 하늘의 숨을 마신다.

이제는 일곱 걸음 호흡하면 걷고 있으며 앞으로 열 걸음까지 도전할 생각이다. 그렇게 내 호흡에 몸과 마음을 집중하고 걷다 보면 많은 것을 느끼고 깨닫게 되며, 나는 호흡을 통하여 내 몸 안의 모든 나쁜 기운과 병, 그리고 암 덩어리를 몸 밖으로 뿜어 내고 있다.

풍림화산(風林火山)

나무 99

나는 오늘도 산을 오른다

제자가 나에게 아부성 질문을 했다.
"어떻게 하면 스승님처럼 파란만장하고 멋진 삶을 살 수 있겠습니까?"
나는 말했다.
"산을 오르게."
제자는 궁금해서 다시 물었다.
"산에 올라 무엇을 합니까?"
나는 의아해하는 제자에게 말했다.
"다음번 올라갈 다른 산을 보는 거라네!"

세상이 나를 볼 수 있도록 정상에 오르는 것이 아니라, 내가 세상을 볼 수 있도록 정상에 오르는 것이다.

풍림화산(風林火山)

나무 100

등산과 인생

 산과 높은 긴 계단을 오를 때, 정상을 바라보고 오르면 그 높이에 먼저 질리게 되고, '언제 저기까지 오르냐?' 하는 생각에 더 힘들어진다. 그럴 땐, 한 발 한 발, 한 계단 한 계단 앞만 보고 오르면 된다. 그러다 어느 정도 오르면 멈춰서서, 하늘을 보고 숨을 깊고 길게 들이쉰 후, 바람을 마음껏 즐기며 경치를 감상한다. 여기까지 오른 나에게 보상을 해 주는 것이다. 그렇게 산과 마주하면 느끼게 된다. 산은 시간을 무너뜨린다. 그래서 '산은 언제나 지금'이다.
 그리고 다시 오를 때, 정상을 한번 바라본 후, 또다시 한발 한발, 한 계단 한 계단 앞만 보고 오르면 된다. 그렇게 쉬고, 오르기를 반복하다 보면 어느새 정상에 다다르게 된다. 인생도 이와 같다.

 나는 나에게 아직 겪어보지 못한 시련이 있고, 느끼지 못한 행복이 있으며, 아직도 오르지 못한 산이 있고, 남은 시간이 있음에 감사한다.

풍림화산(風林火山)

나무 101

버스 여행

나의 버스 여행은 이렇게 시작되었다. '노숙자(露宿者)'는 '이슬을 맞으며 밖에서 자는 사람'이라는 뜻이다. 모든 것을 다 잃고 이슬을 맞던 시절, 겨울 새벽은 너무 추웠다. 그래서 타게 된 버스, 종점까지 갔다가 다시 다른 노선의 버스를 타고, 그렇게 춥지 않은 오후가 되도록 시작된 버스 여행이었다.

내가 지하철보다 버스를 선택한 이유는 지하철은 같이 탄 사람들만 볼 수 있지만, 버스는 도시풍경, 거리의 사람들, 그리고 하늘을 볼 수 있기 때문이었다. 한 노선을 종점까지 갔다가 다시 다른 버스를 타더라도 환승 요금이 적용된다. 그래서 하루에 몇 개 노선을 타더라도 교통 비용이 몇천 원을 넘지 않는다.

한 도시를 빠르게 파악하고 알고 싶다면, 버스 여행만큼 효과적인 것도 없을 것이다. 요즘도 쉬는 날, 노선을 바꾸어 가며 한두 개 노선을 왕복한다. 스마트폰으로 음악을 들으며 도시 풍경과 거리의 사람들을 감상하는 것, 이것은 걷기와는 전혀 다른 색다른 여행이다.

풍림화산(風林火山)

나무 102

여행은 언제나 설렘이다

여행은 여행을 준비하고 떠나는 과정과 목적지로 향해가는 자체가 설렘이다. 하지만 막상 목적지에 도착하면 힘들고, 피곤하며 점점 편안한 집이 그리워진다. 그리고 여행을 마치고 돌아올 때는 항상 아쉬움을 남긴다. 하지만 그렇게 걷고, 걷고 또 걷다 보면 '세상을 바라보는 새로운 시야'를 갖게 되면서 느끼는 게 있다. '세상의 모든 길은 상처투성이지만, 집으로 가는 길이기도 하다. 모든 여행은 집으로 돌아가는 여정이다.'

바보는 방황하고, 현명한 사람은 여행을 한다. 난 바보지만 여행을 한다.

풍림화산(風林火山)

나무 103

나는 남보다 나를 모른다

 우리는 거울을 보고 자신이 자기 얼굴을 잘 안다고 생각한다. 하지만 사실 거울은 얼굴을 좌우 반대로 비춰 주고 있다. 사람들은 자신이 자신을 가장 잘 안다고 착각하지만, 사실 대부분 사람은 남보다 자신을 잘 모르고 있다.

 다음은 『탈무드』에 나오는 이야기다. 두 사람이 굴뚝 청소를 했다. 한 사람은 얼굴이 새까맣게 되어 내려왔고, 또 한 사람은 그을음을 전혀 묻히지 않은 깨끗한 얼굴로 내려왔다.
 당신은 어느 쪽 사람이 얼굴을 씻을 것으로 생각하는가? 깨끗한 얼굴로 내려온 사람은 상대방의 더러운 얼굴을 보고 자신의 얼굴을 씻는다.

풍림화산(風林火山)

나무 104

고수는 나를 연구한다

사람들이 나를 존경하지 않거나 나를 짓밟으러 한다면, 이렇게 자문해 볼 필요가 있다.
'이 사람들이 나를 이렇게 대하도록 내가 부추기고 있는 것은 아닐까?'
그들로부터 다른 대접을 받고 싶다면 내가 먼저 변해야 한다. 사람들은 내가 나를 대하는 방식으로 나를 대한다. 내가 나를 귀하게 대하면 사람들도 나를 귀하게 대한다. 또한, 우리는 남이 가진 것을 부러워하지만 다른 사람들은 내가 가진 것을 부러워하고 있다. 그것을 깨달을 때 진정한 자존감을 느끼게 된다.

그러하기 위해선 어떻게 해야 할까? '나'에 대한 깊은 '사유와 고독'이 필요하다. 자신에 대한 진실을 찾는 것은 삶의 다른 영역에서 진실을 찾는 것보다 더 가치가 있다. 그렇게 날마다 자신을 바라보는 것이, 자신을 넘어서는 길이다. 하수는 남을 연구하고, 고수는 나를 연구한다.

풍림화산(風林火山)

나무 105

나를 설명할 필요는 없다

 사람들은 많은 부분 헛된 것에 시간을 허비한다. 자기 자신의 가치를 찾기보단 남의 눈치를 보며 살아간다. 그래서 혼자서는 멋진 음악회에 가거나, 분위기 좋은 레스토랑에서 스테이크에 와인 한잔할 생각을 못 한다. 중요한 것은 사람들이 나를 어떻게 보는지는 중요하지 않다. 내가 나인 것에 다른 사람을 이해시킬 필요는 없다. 그래서 항상 자신에게 물어야 한다.
 "나는 오늘도 진정한 나 자신이었는가? 사람들에게 보이기 위한 연기자였는가?"

 휴일이면 등산로 입구 식당에는 등산객들로 문전성시를 이룬다. 그중에는 정상까지 갔다 온 사람도 있고, 중간 어디쯤에서 돌아온 사람도 있지만, 아무도 그걸 구별할 수는 없다. 어디까지 올라갔다 왔든, 일단 내려오고 나면 같은 높이에 있다. 하지만 남들은 알 수 없어도 나 자신은 내가 얼마나 노력했는지 알고 있을 것이다.

풍림화산(風林火山)

나는 나를 벗 삼는다

사람은 가끔 격하게 외로운 시간을 가져야 한다. '외로움'이 '존재의 본질'이기 때문이다. 인스타그램이나 페이스북의 '좋아요'와 같은 값싼 인정에 굶주려 하는 것은 타인의 관심을 통해 내면의 깊은 상처를 잊고 싶기 때문이다. 그러나 마음의 상처는 그런 식으로 절대 치유되지 않는다.

동물들은 상처가 생기면 병이 나을 때까지 꼼짝 안 한다. 상처 난 곳을 그저 끝없이 핥으며 웅크리고 있다. 먹지도 않고, 그냥 가만히 있는다. 상처가 아물면 그때야 엉금엉금 기어 나온다. 그 하찮은 동물도 몸에 작은 상처가 생기면 그렇게 끝없이 외로운 시간을 보내면서 자신을 치유한다.

현명한 사람은 언제나 천천히, 조용히, 혼자 걷는다. 혼자 걸으면 자신이 가는 길을 감상하고 들을 수 있기 때문이다. 소음과 혼란으로 가득한 이 세상에서 조용히, 혼자 걷고 있으면 자신이 생각하는 것에 귀 기울이기가 훨씬 쉽다. 나는 혼자일 때 최고의 나를 만난다.

풍림화산(風林火山)

나무 107

오늘 하루는 하늘이다

우리는 행복을 위해 애먼 곳을 바라보며 산다. 내일의 행복을 위해 오늘을 희생하고 있으니 말이다. 어제는 지나간 오늘이며 내일은 다가오는 오늘이다. 그러므로 오늘 하루하루를 하늘로 생각하며 살아야 한다.

내일은 없다. 지금, 현재, 내가, 어디에 있고, 무엇을 하는 지가 중요하다.

또한, 어떤 인생도 낭비한 것이 아니다. 가령, 어떤 실업자가 무엇하나 하는 일 없이 10년을 보냈을지언정 문제는 그 소중한 체험과 시간을 지금, 어떻게 받아들이고 살리느냐에 있다.

나의 지난 시간이 지금의 나의 하루를 만드는 것이다. 그래서 그 하루의 시간을 맛깔스럽고 향기 나게, 그리고 멋과 낭만으로 살아야 한다.

앞으로는 그 하루하루가 쌓여서 내 인생이 된다. 그렇게 우리 모두에게 당연한 하루는 없으며, 나의 하루는 내가 만드는 것이다.

풍림화산(風林火山)

나무 108

가족이 먼저다

 다른 나라 어부 이야기다. 한 어부가 잡은 생선 중, 크고 좋은 놈을 따로 놓는 것을 보고 한국 사람이 당연하다는 듯 이쪽 상등품은 팔 거냐고 묻자, 어부는 무슨 소리냐 표정으로 먹을 거란다. 왜 값을 더 쳐줄 물건을 팔지 않느냐고 묻자, 나머지 판돈으로도 먹고 살 수 있단다. 좋은 놈들은 자기 아내와 아이들과 함께 먹을 거란다.
 레프 톨스토이의 소설 『안나 카레니나』는 이런 첫 문장으로 시작한다.
 "행복한 가정은 모두 비슷한 이유로 행복하지만, 불행한 가정은 저마다의 이유로 불행하다."

 나는 가족과 헤어진 후 때늦은 후회와 그리움, 그리고 많은 반성의 시간을 보냈지만, 이제 와 돌아보면 참 다행이라는 생각을 하게 된다. 내가 지금까지 겪었던 이 경험과 고통을 가족들이 함께 겪지 않을 수 있었기에 참으로 감사하다.

당신의 태양이 뜨는 곳

부부가 서로 나이가 들면 싸우지 않는다. 그것은 상대방을 죽어 가는 존재로 보기 때문이다. '모든 죽어 가는 것을 사랑해야지.' 이런 심정으로 안 싸우고 서로의 '호스피스'가 된다. 이것은 죽어 가는 것이다. 그래서 사람들은 나이 든 사람을 싫어한다. 그건 '원숙함'이 아니라 '지침의 다른 표현'이다. 그러니 비겁하게 세월 뒤에 숨지 말고 싸워라. 실컷 싸운 뒤에는 안아 주고 웃어라. 그렇게 웃다 보면 눈물이 난다.

가족 관계 중에서 유일하게 선택할 수 있는 관계가 바로 배우자다. 내가 선택한 것이기 때문에 더 소중한 것이다. 작은 일로 상처를 받기도 하지만 작은 일에 감동하는 사람이 바로 '아내'다. '아내'는 원래 '안해'라고 한다. '안(집 안)에서 빛나는 해.'
당신의 태양은 매일 아침 집안에서 뜨고 있다.

당신이 주인공입니다

『탈무드』에는 이런 글귀가 있다.
"모든 사람은 '이 세상은 나 때문에 창조되었다.'라고 느낄 수 있는 권리를 가졌다."
마르셀 프루스트는 『잃어버린 시간을 찾아서』에서 탄생과 죽음에 대해 다음과 같이 설명하고 있다.
"한 사람이 태어나면 한 세계가 탄생하고, 한 사람이 죽으면 한 세계가 소멸한다."
당신이 이 세상의 주인이자 주인공이다. 당신은 세상의 중심이자 세상에서 단 하나뿐인 존재임을 잊지 말아야 한다. 우리는 1등이 아니어도 된다. 1등도 한 명이듯이 꼴찌도 한 명이다. 우리는 'number one'은 못 돼도, 유일무이한 'only one'이 되면 된다. "한 사람의 생명은 천하보다 귀하다."

당신이 주인공이듯, 지금 당신 옆에 있는 사람이 가장 소중한 사람이다. 우리는 나중에 시간이 지나면 그제야 알게 된다. 지금 내 옆에 늘 있어 주는 가장 만나기 쉬운 사람이 가장 소중한 사람이었다는 것을.

나무 111

적과 친구

친구가 아무리 많아도 한 명의 적을 막아 줄 수는 없다. 친구는 마음을 열고 자신을 드러내며 우정으로 다가오지만, 적은 친구와 달리 자신의 정체를 숨기면서 목적을 가지고 다가오기 때문이다.
열 명의 사람이 있다면 그중 한 사람은 나의 친구고, 다른 한 사람은 적이다. 그렇다면 여덟 명은 누구일까? 나머지 여덟 명은 내가 힘이 있다면 나의 친구가 되고, 힘이 없다면 나를 무시하는 적이 된다. 중요한 것은, 자신보다 지위가 낮거나 힘이 없는 사람들을 함부로 대하는 사람은 언젠가 나에게도 그럴 가능성이 크다.

또한, 아부를 잘하는 사람은 비방도 잘한다. 처음에는 간, 쓸개 다 빼 줄 것처럼 다가오다, 조금만 서운하게 하면 간, 쓸개 다 빼 갈 것처럼 덤벼든다.
중요한 것은, 천리마 궁둥이에 붙어 있는 벼룩도 천 리를 가지만, 재수 없는 나무 밑에서 비를 피하고 있다간 벼락을 맞는다는 것이다.

나무 112

최고의 적은 스승이다

 적이 없는 불행한 인생을 살지 마라. 세상 사람 모두가 친구라고 말하는 사람은 일찌감치 머리를 깎고 종교 분야에 뛰어드는 게 성공할 가능성이 크다.
 '최고의 적'은 '최고의 스승'이다. 그러니 적을 만들어라. 그리고 적을 시기하라. 시기와 질투심을 모두 버릴 수는 없다. 마음껏 시기하고, 마음껏 질투해도 좋다. 시기와 질투는 올바르지 못한 행동을 할 때 문제가 생기는 것이지, 시기와 질투가 나를 발전시킨다면, 시기와 질투는 최고의 효과적인 자극제이자 '자아 발전의 원동력'이다. 나에게 적은 위대한 스승이다. 왜냐면 그들에게서 인내와 기다림, 그리고 '싸움에서 무조건 이기는 법'을 배우기 때문이다.

 영국의 시인 알프레드 테니슨은 말했다.
 "적이 한 사람도 없는 사람을 친구로 삼지 마라. 그는 중심이 없고 믿을 만한 가치가 없는 사람이다. 차라리 분명한 선을 갖고 반대자를 가진 사람이 마음에 뿌리가 있고 믿음직한 사람이다."

풍림화산(風林火山)

나무 113

친구, 함께 비를 맞는 사람

적을 이기는 최고의 방법은 그를 친구로 만드는 것이다. 친구를 얻는 유일한 방법은 먼저 친구가 되는 것이며, 사람을 적으로 대하면 적이 되고, 친구로 대하면 친구가 된다. 친구를 가까이해라. 하지만 더 중요한 것은 적은 더 가까이해라. 적을 만들고 싶다면 친구를 이기고, 우정을 쌓고 싶다면 친구가 이기도록 해라.

인디언 말에서 '친구'는 "내 슬픔을 자기 등에 지고 가는 자"라고 한다. 또한 우정이란, "우산을 들어주는 것이 아닌, 함께 비를 맞는 것"이다.

나무 114

친구, 함께 늙어 가는 사람

 만나면 자기 이야기만 하는 사람은 당신에게 전혀 관심이 없는 사람이니 당신의 귀중한 시간을 허비할 필요가 없다. 당신에게 진짜 중요한 사람은 당신이 무엇을 좋아하고, 어떤 것에 관심 있어 하는지 묻고, 말해 주는 사람이다. 그러니 친구를 만나면 자기 이야기만 하지 말고 그가 무슨 옷을 입는지, 무엇을 먹는지, 그리고 무엇에 관심 있어 하는지 묻고, 생각하고, 말해라.

 중년 이후의 우정은 '같은 온도'를 유지하는 게 중요하다. 같이 밥 먹고, 같이 걱정하고, 같이 늙어 가는 것 같을 때, 사람들은 안심하고 마음을 붙인다. 그리고 친구의 말을 속으로는 동의 못 해도, 이기려 들지 말고 "그렇구나!" 하고 넘어가라, 사람들은 대부분 '논리'가 아니라 '공감'을 원한다. 말로 이겨서 남는 건 하나도 없다. 말을 잘하는 사람보다 말이 편한 사람이 오래간다.

나무 115

어울림의 미학

'어울림'은 바로 '함께' 한다는 것이다. 우리는 늘 '누군가와 함께' 하면 행복해진다. 친구와 함께, 연인과 함께, 그리고 가족과 함께, 인생을 즐기는 가장 행복한 삶은 혼자 있을 때 '나를 벗 삼고', 함께 있을 때 '화합하는 삶'이다. 종이는 불에 잘 타지만, 종이가 겹쳐 저 책이 되면 불에 잘 타지 않는다.

마라톤을 혼자서 완주하기는 힘들다. 함께 뛰어주는 사람들이 있기에 완주할 수 있다. 그 함께 뛰는 사람 중에는 동료도 있고, 경쟁자도 있으며 나의 진로를 방해하는 적, 또한 있다.

"빨리 가려면 혼자 가고, 멀리 가려면 함께 가라."

나무 116

나쁜 놈

"나쁜 놈들이 더 잘 산다."라는 말은 나쁜 짓으로 권력을 잡았거나 재산을 축적한 자들, 그리고 그런 자들을 추종하는 무리가 자기들의 죄를 합리화하기 위해 만들어 낸 억지 논리다. 부정부패를 일삼는 자들이 즐겨 쓰는 말이 있다.
"물이 너무 맑으면 물고기가 살지 못한다."
나는 그들에게 묻는다.
"너희가 물고기냐?"
그러면서 한마디 덧붙인다.
"물고기는 도마 위에 올라가면 더는 저항하지 않는다."

어떤 놈이 정말 나쁜 놈인가?
짐승보다 못한 놈, 짐승 같은 놈, 짐승보다 더한 놈.
가장 불행하고 불쌍한 사람은 '갑질'을 당하는 '을'이 아니라, '을'이면서도 '갑질' 하는 사람이다.

나무 117

배려하면 바보인 줄 안다

 가족이 아닌 사람들은 보통, 기쁨을 나누면 질투를 하고, 슬픔을 나누면 약점이 되며, 배려하면 권리인 줄 안다. 그리고 마음을 열어 보이고, 웃음으로 대하면 바보인 줄 안다. 그렇게 인생을 살다 보면 나를 은근히 무시하면서 공격하는 사람들이 있다. 예를 들어서 "오늘 옷 스타일이 별로네?" 이런 비꼬는 질문을 받았을 때 당황하지 말고 침착하고 당당하게 그에게 역으로 질문을 하면 된다.
"내 옷 스타일이 별로라는 게 무슨 의미야?"
 기분 나쁜 질문에 대해서는 질문을 한 사람의 의도가 무엇이었는지를 그 사람에게 되물어 보면 된다. "제가 지금 잘못 들은 것 같은데, 좀 전에 하신 말씀 저에게 하신 말씀인가요?"

 또한, 사람들은 친한 관계일수록 무례한 행동을 쉽게 한다. 하지만 친구라고 해서 무례함을 감내할 필요는 없다. 존중 없는 우정은 오래갈수록 짐이 된다. 그러니 상대할 가치를 못 느낀다면 먼저 무시해라.

풍림화산(風林火山)

나무 118

배려는 힘이다

배려는 힘 있는 사람의 몫이다. 사장이 부하 직원에게, 장군이 이등병에게 하는 것이 배려지, 그 거꾸로 부하직원이 사장에게 이등병이 장군에게 하는 배려는 배려를 가장한 굴종이다. 배려하고 싶은가? 그러면 힘을 가져라! 너무 강하면 부러지지만, 너무 약하면 부서진다.

미국의 루스벨트 대통령은 말했다.

"말은 부드럽게 하되 커다란 몽둥이를 들고 다녀라, 실패하지 않을 것이다."

또한 '암흑세계의 지배자'라 불리던 마피아 두목 알 카포네는 "다정한 말 한마디에 총을 얹으면 다정한 말로만 대할 때보다 더 많은 것을 얻을 수 있다."라고 했다. 그리고, 싸움을 하면 무조건 이겨라. 이긴 사람만이 화해를 신청할 수 있다.

사람들은 말한다.

"빈손이 가장 행복하고, 버릴수록 행복해진다."

하지만 빈손은 베풀 것이 없고, 많이 버리려면 많이 갖고 있어야 한다.

풍림화산(風林火山)

나무 119

리더는 리더다

보통 조직은 여섯 명이 모이면 한 명은 리더, 두 명은 추종자, 두 명은 반골, 한 명은 비실비실이 된다. 그렇게 리더가 된 리더끼리 모이더라도 새로운 리더, 추종자, 반골, 비실비실이 형성된다. 중요한 것은 누가 먼저 리더가 되느냐이며, 추종자, 반골, 비실비실을 모두 이끌어 가는 사람이 진정한 리더다.

"한 마리 사슴이 이끄는 백 마리의 호랑이 무리보다, 한 마리 호랑이가 이끄는 백 마리의 사슴무리가 더 무섭다."

풍림화산(風林火山)

리더의 자리

"큰 힘에는 큰 책임이 따른다."

리더는 무리 안에서 가장 외로운 자리다. 천하 사람들이 근심하기에 앞서 근심하고, 천하 사람들이 즐긴 후에 즐긴다. 그렇기에 '리더는 항상 혼자다.' 성공하는, 성공한 사업가는 항상 혼자였고 홀로 외로운 결단을 내려야 한다.

성공하고 싶은가? 리더가 되고 싶은가? 그렇다면 외롭다고 징징거리는 버릇을 버리고, 그 외로움을 견디고 즐길 줄 알아야 한다. 진정한 리더는 모든 사람이 "Yes."라고 말할 때, 혼자서 "No."라고 말할 수 있는 고독과 결단, 그리고 용기가 필요하다.

또한, "행동하지 않는 양심은 악의 편이다."라는 말이 있듯이 그 사람의 행동을 보면, 그 사람의 진심이 보인다. 중요한 것은 행동과 실천이다. 누군가 끌고 있는 수레에 올라타서 가는 방향을 지시하는 사람이 보스라면, 맨 앞에서 수레를 끌고 가면서 방향을 알려 주는 사람이 '리더'다.

나무 121

누구를 따라가겠습니까?

사람은 누구나 인정받고, 존중받고 싶어 한다. 자신이 존중받는다고 느낄 때 행복을 느끼며, 그 행복이 인간관계의 질을 높인다. 그렇기에 사람을 움직이려면 상대에게 진심으로 관심을 기울이며 존중해야 한다. 상대방의 가치를 인정하는 것이 리더십의 시작이며, 진정한 리더십이란 다른 사람들이 신뢰감을 갖고 기꺼이 따를 수 있도록 만드는 힘이다.

하지만 정말 문제는 자신이 용이라고 생각하는 미꾸라지나, 자신을 호랑이라고 생각하는 고양이다. 광대가 궁전 안으로 들어가면 광대가 왕이 되지 않는다. 대신 궁전이 서커스가 된다. 또한, 파리를 따라가면 똥이나 썩은 고기를 만나게 되고, 나비나 꿀벌을 따라가면 꽃이나 꿀을 만나게 되며, 거지를 따라다니면 구걸을 하게 된다.
"귀하는 누구를 따라가겠습니까?"

풍림화산(風林火山)

나무 122

수기치인

'수기치인(修己治人)'이라는 말이 있다. "자신을 다스리고, 남을 다스린다."라는 뜻이다. 리더가 인간의 도리에서 벗어나는 방법으로 이익을 손에 넣으면 아랫사람들 또한 인간의 도리에 벗어나는 방식으로 빼앗으려 든다. 또한, 리더는 상대방을 덮어놓고 믿어서는 안 된다. 그랬다가는 상대방에게 좋을 대로 이용당하고 만다. 배신은 믿는 사람에게 당하는 것이기 때문이다.

 이를 방지하려면 어떻게 하면 좋을까? 아랫사람이 나쁜 일을 꾸미거나 배신하는 이유는 리더가 아픈 손가락을 보였기 때문이다. 책동의 여지를 없애기 위해서는 어떻게 해야 할까? 배신하면 엄청난 보복이 기다리고 있다는 사실을 잘 알려 주면 된다.
 영화 〈친구〉에는 다음과 같은 대사가 나온다.
 "밟을 때는 쳐다만 봐도 오줌을 지릴 정도로 확실하게 밟아줘야 한대이. 그래야 다시는 개길 생각도 못 한대이."

'장군의 아들' 김두한의 마지막 후계자 조일환 회장님과 함께

풍림화산(風林火山)

나무 123

사업가의 생각의 관점

 진정으로 지혜로운 성공한 부자들은 돈의 절대 액수를 중요시하기 때문에 상대적 비교에 따른 '푼돈'이란 이름을 거부한다. 그래서 우리는 이런 말을 흔히 듣는다.
 "있는 사람이 더하다."
 그들은 수백억을 가졌음에도 100원짜리 하나도 소중히 여기지만, 상대적 가치 프레임에 빠진 사람들은 콩나물값을 깎을 때는 100원을 귀하게 여기다가도 10만 원짜리 물건을 살 때는 100원을 하찮게 여겨 깎으려고 하지 않고, 혹시나 100원을 깎아 준다고 하면 오히려 기분 나빠 한다.

 사람들에게 갑자기 공돈 1억이 생기면 무엇을 할 거냐고 하면, 그 돈을 쓸 생각으로 가득 차 있다. 그러나 부자들은 저축할 생각을 한다. 부자들은 돈을 버는 그 자체를 즐기기 때문이다. 하지만 사업가는 그 돈으로 어떻게 하면 돈을 벌지를 생각한다.
 부자는 상대에게 1억을 빌려주고 1천만 원을 가져가고, 사기꾼은 상대에게 1억의 손해를 끼치고 1천만 원을 가져간다. 하지만 사업가는 상대에게 1천만 원의 보상을 해 주고 1억을 가져간다.

풍림화산(風林火山)

나무 124

리더는 항상 변해야 한다

우리는 매일매일 새로워야 한다. 어제와 같은 오늘, 오늘과 같은 내일을 사는 것은 사는 것이 아니라 죽은 것이다. 무엇인가를 끊임없이 시도하는 사람은 변화의 필요성을 잘 안다. 그렇기에 약한 사람들은 변화를 두려워하지만, 강한 사람들은 변화를 즐긴다.

세상은 하루가 다르게 변해 가고 있다. 그 변화에 적응하지 못하면 개인이든 조직이든 도태되고 만다. 『종의 기원』을 쓴 찰스 다윈은 이렇게 쓰고 있다.

"살아남는 것은 가장 강한 종도, 가장 똑똑한 종도 아니고 변화에 가장 잘 적응하는 종이다."

우리나라의 천만 가입자를 보유했던 싸이월드가 '도토리'에 빠져 변화하지 못했기 때문에 도태되었고, 대기업인 SK와 LG의 유료 문자 서비스를 카카오톡이 지배한 것도, 그리고 국내 소비시장을 선도하던 홈플러스, 이마트 등의 대형 할인점이 이커머스 기업인 쿠팡에 밀려난 것도 변화가 얼마나 중요한지를 보여 준다. '궁즉통, 통즉변, 변즉구', "궁하면 통하고, 통하면 변하고, 변하면 오래간다."

풍림화산(風林火山)

협동과 희생정신

기러기들이 V 자 모양을 하고 날아가는 이유는 앞 기러기의 날갯짓이 뒤 기러기에게 양력을 주기 때문이다. V 자 대열은 단독 비행보다 추진력이 70퍼센트 증가한다. 선두 기러기가 피곤하면 대열로 돌아온다. 그러면 다른 기러기가 앞에 선다. 뒤 기러기의 울음소리는 앞서가는 기러기에게 힘을 준다.

펭귄들은 서로 촘촘히 다가서서 추위를 견딘다. 서로를 배려하며 고통을 함께 나누는 방식으로 추위를 견딘다. 가장자리에 매서운 바람을 가장 먼저, 가장 혹독하게 견뎌야 하는 펭귄은 일정한 시간이 지나면 바람이 가장 적은 안쪽으로 옮긴다. 그러면 또 다른 펭귄이 가장자리에 서서 거센 눈보라를 맞는다. 그 어떤 펭귄도 가장자리에 서는 것을 거부하지 않는다. 내가 앞에 서지 않으면 서로를 보호할 수 없고, 자신도 살아갈 수 없기 때문이다.

풍림화산(風林火山)

스승과 제자

 권투 선수가 15라운드 경기를 할 수 있는 것은, 구석이 있기 때문이다. 1분간의 휴식 시간, 그리고 링 한구석에 놓인 의자가 없다면 어떤 선수도 15라운드를 뛸 수 없다. 우리는 젊어서는 선수로 뛰지만, 경험과 연륜이 쌓인 스승이 되어서는 링 한구석에 놓인 의자 같은 존재가 되어야 한다.
 '케렌시아(Querencia)'라는 스페인 말이 있다. 투우사와 싸우다 지친 소가 투우장 한쪽에서 잠시 휴식을 취하며 회복하는 장소를 뜻한다. 사람에게도 인생의 전투에서 상처받고 눈물 날 때 쉴 곳이 필요하다.

 천사원이라는 보육원에 일주일에 하루씩 경호무술을 가르칠 때의 일이다. 보름을 며칠 앞두고 있어 그런지 달이 유난히 밝고 커 보였다. 그때 한 천사가 봉고차 안에서 내내 창밖을 보다 입을 열었다.
 "사범님, 달이 저를 좋아하나 봐요."
 나는 어이없는 표정으로 성호를 바라보며 말했다.
 "왜 그렇게 생각하니?"
 "달이 아까부터 계속 저만 따라오며 웃어요!"

나무 127

바다는 비에 젖지 않는다

  물이 없으면 지구상의 생물은 살아남을 수 없다. 그런 큰 작용을 하면서도 정작 자신은 계속 낮은 곳으로 흘러간다. 낮은 곳은 누구나 싫어한다. 그러나 물은 굳이 싫어하는 낮은 곳에 몸을 두려 한다. 바다가 '하천의 왕'인 이유는 낮은 곳에 있으며 모든 물줄기를 받아들이기 때문이다.
  또한, 세상의 모든 물이 아래로 흐르는 것은 가장 낮은 종착지에 바다라는 안식처가 기다리고 있기 때문이다. 바다는 비에 젖지 않으며, 깊은 바다는 흔들리지 않는다.

  '관해난수(觀海難水)'라는 말이 있다. "바다를 본 사람은 물을 말하기 어려워한다."라는 뜻이며 큰 것을 깨달은 사람은 아무리 사소한 것이라도 함부로 이야기하기 어려운 법이다.

풍림화산(風林火山)

나무 128

한곳을 오래 보면 닮아 간다

학생들과 MT 갔을 때의 일이다. 경호학과 40여 명의 학생과 대작하며 술을 마셨다. 결과는 나의 승리? 그리고 나는 취침 전, 숙소로 과 대표와 조교를 불렀다. 인원 점검 사항을 보고 받기 위해서다. 하지만 인원 보고를 하던 과 대표와 조교가 갑자기 뒤돌아서 배꼽을 잡고 웃었다.

나는 행동들이 괘씸해 호통을 치러다 그들의 시선이 멈춰진 내 손을 보았다. '헐.' 내 손에는 볼펜이 아닌 우엉이 쥐어 있었다. 그리고 그것으로 출석부를 체크하고 있었고, 우엉은 뒤로 꼬부라져 내 손등을 감싸고 있었다. 나는 술에 취해 볼펜을 찾다가 김밥 안에 있는 우엉을 빼서 그것이 볼펜인 줄 알았던 것이다.

MT 후, 학생 중 한 명이 MT에서 있었던 일을 교보에 「우엉 교수님」이라는 제목으로 응모했고, 그것은 당선되어 교보에 실렸다. 나는 이때부터 "우엉 교수"로 불리기 시작했다. "한곳을 오래 보면 그것을 닮아간다."라는 어느 시인의 글이 있다. 그래서 나는 제자들에게 나를 오래 보지 말라고 가르친다.

풍림화산(風林火山)

나무 129

가르치려 하지 마라

 알려 줄 것이 있다면 가르치려 하지 말고 상대가 배울 수 있도록 도와줘라. 상대를 가르치려 하는 것은 상대가 원하는 것이 아닌, 내가 원하는 것을 가르치려는 것일 뿐이다. 세상이 혼란스러운 것은 배우고자 하는 사람은 없는데, 가르치려고 하는 사람이 너무 많기 때문이다. 그러니 타인을 가르치려 하지 마라.
 어차피 똑똑한 사람은 가르칠 필요가 없고, 어리석은 사람은 가르쳐도 소용이 없으며, 고집 센 사람은 가르치려 해도 듣지 않는다. 그리고 항상 열성을 갖고 배우려는 이들은 조금만 도와줘도 큰 발전을 한다.

 또한, 공부는 재미있어야 한다. 그러므로 선생의 역할은 지식을 알려 주는 것이 아니라, 배우려는 의욕과 능력을 몸에 심어 주는 것이다. 선생은 가르치는 사람이 아니라 학생들이 배울 수 있도록 도와주는 사람이다.

말은 품격이다

"말은 마음의 소리다." 수준과 등급을 의미하는 한자 '품(品)'의 구조가 흥미롭다. '입 구(口)'가 세 개 모여 이루어졌음을 알 수 있다. 말이 쌓이고 쌓여 한 사람의 품성이 된다. 내가 무심코 던진 말 한마디에 품격이 드러난다. 나만의 체취, 내가 지닌 고유한 인향은 내가 구사하는 말에서 뿜어져 나온다.

'무사(武士)'는 칼에 죽고, '궁수(弓手)'는 활에 죽듯이, '혀'는 말에 벤다. 그러니 말할까 말까 망설일 때는 말하지 마라. 말해서 얻는 것보단, 말해서 잃는 것이 더 크다. 바른말도 내뱉는 순간 틀린 말이 될 수 있다.

중요한 것은 내 입에서 나오는 말의 최초 청취자는 나의 귀라는 것이다. 또한, 사람이 언어를 만들었지만, 언어가 사람의 생각을 바꾼다. 그런 말을 우리는 평생을 하며 살아야 한다.

나무 131

당신 멋져

"당신 멋져."는 내가 연맹 임원들과 회식할 때, 하는 건배사다. 여기에는 이중적인 의미가 있다. '당신이 멋지다.'라는 겉뜻을 벗겨 내면 '당당하고, 신나게 살고, 멋지게 져 주자.'라는 속뜻이 드러난다. 술잔을 들어 올리며 앞의 두 어절을 발음할 때는 별 감흥이 없다가도 마지막 어절인 "멋지게 져 주자!"를 외치는 순간에는 어딘지 모르게 속이 따뜻해진다.

 지는 법을 아는 사람이야말로 책임을 지는 사람이다. 지는 행위는 소멸도 끝도 아니다. 의미 있게 패배한다면 그건 곧 또 다른 시작이 될 수 있다. 상대를 향해 고개를 숙이는 것이 아니라 상대방을 인정하는 방법이기 때문이다. 그렇기에 가끔은 멋지게 저줄 필요가 있다. 그렇게 접어든 길은 죽는 길이 아니라. 종국에는 그것이 가장 현명하게 사는 길이다.
 지는 법을 알아야 이기는 법을 알 수 있다.

나무 132

내가 졌다, 투셰

'전자 채점'이 도입되기 전, 펜싱은 선수들의 동작이 매우 빠르고, 얇은 칼끝이 빠르게 휘둘러지기 때문에 찌른 사람조차도 내가 제대로 찔렀는지 파악하기가 힘들었다. 그런데 단 한 사람만큼은 점수가 났는지 아는 사람이 있는데, 그 사람은 바로 칼에 찔린 사람이라고 한다. 펜싱은 득점하면 "투셰(touche)"라는 말을 쓰는데 '투셰'라는 뜻은 '찔렀다'라는 뜻이 아니라 '찔렸다'라는 뜻이다.

펜싱에서 채점할 때는 득점을 한 사람이 아니라 실점을 한 사람이 손을 들고 "투셰!"를 외치며 상대편에게 점수를 주는 것이 펜싱의 법도였다. 그래서 옛날의 펜싱은 '무예(武藝)'였다. 무예의 목적은 상대를 이기는 것도 중요하지만, 멋지게 지기 위함이기도 하며, 그것이 곧 '나를 이기는 길'이다. 진정으로 나를 이기고, 넘어서고 싶다면 '투셰'를 외치세요. 그 순간, 당신은 한 단계 성장한 것입니다.

풍림화산(風林火山)

나무 133

망가지는 것도 용기다

"나는 그들보다 훨씬 뛰어나다. 나는 그들과는 차원이 다르다. 그들은 나의 깊은 뜻을 이해하지 못할 것이다." 이런 생각으로 가득 차 있다면 당신은 외롭다. 항상 옳은 이야기만 하는 사람이 있다. 하지만 들어도 별 감흥이 느껴지지 않는다. 그건 아마도, 그 옳은 이야기 속에 자신을 숨기고 있기 때문은 아닐까?

망가지는 것도 용기가 있어야 한다. 나 스스로가 남들에 비해 대단하다고 생각하면 절대로 망가지지 못한다. 가끔은 나의 지친 모습을 보여줄 때, 그리고 가끔은 망가질 수도 있어야 당신은 외롭지 않다. 너무 높이 올라간 '용(龍)'은 후회를 한다. 왜냐면 그 용을 아무도 볼 수가 없으므로 외롭기 때문이다.

우리는 성공 신화만을 배우려 한다. 성공하고 싶은가? 그럼 망가지는 것을 먼저 배워라! 그래야 중요할 때, 그것을 피할 수 있다.

풍림화산(風林火山)

나무 134

술은 두 얼굴을 가지고 있다

 세계 최고의 장수 비결은 아이러니하게도 술이라고 한다. 물론, 당연히 적당히겠지만, 나는 술 마시는 것을 합리화하기 위해 사람들에게 다음과 같이 말했었다.
 "노벨 문학상을 받은 소설가 여섯 명 중, 네 명꼴로 알코올 중독이나 의존증을 보였다. '테네시 윌리엄스', '어니스트 헤밍웨이', '존 치버', '레이먼드 카버' 등을 보라. 그리고 회의나 토론을 뜻하는 '심포지엄(symposium)'은 그리스어로 '술을 마시다'를 뜻한다."
 너무나 힘들고 괴로울 때, 술에 의지하면서 비틀거리며 내 길을 걸을 때가 있었다. 그때, 술 마시고 비틀거리는 나를 보고 뒤에서 욕하는 사람들에게 나는 말했다. "술 마시고 비틀거리면 비틀거리는 나를 욕해야지, 왜 내가 가는 길을 욕하나?"

 경호원들과 회식, 나는 술로 그들의 기선을 제압했다. 그러다 술에 취해 쓰레기통에 넘어졌다. 하지만 나는 재빨리 일어나 옷매무새를 단정히 하고 말했다. "쓰레기는 보석함에 있어도 쓰레기고, 보석은 쓰레기통에 있어도 보석이다."

풍림화산(風林火山)

나무 135

빈틈은 여유다

예로부터 사람들에게 사랑받는 사람은 어딘가 빈틈이 있고, 여유가 있어 보이는 사람이다. 아무 빈틈이 없는 사람이 어떻게 사람들에게 사랑받을 수 있겠는가. 빈틈은 아름다운 여인의 뺨에 있는 하나의 점처럼 기묘하게 사람의 마음을 끌어당기는 법이다. 실수했을 땐 인정하고, 모르는 게 있을 땐 배우려 하고, 도움이 필요할 땐 요청해라. 자신을 다 드러낼 수 있는 사람이 진정으로 강한 사람이다.

또한, 리더에게 빈틈은 '사람을 끌어들이는 힘'이 되기도 한다. 그러니 굳이 틈을 가리려 애쓰지 말고 있는 그대로 열어놓을 필요가 있다. 그 틈으로 햇살도 파고들며, 그 빈틈으로 사람들이 찾아오고, 그들과 함께하면서 조직을 더 여유롭게 만들어 준다. 그렇기에 틈은 '허점'이 아니라, '여유'다.

풍림화산(風林火山)

나무 136

응립여수 호행사병

　명나라 때 홍응명이 쓴 『채근담』을 보면, "응립여수 호행사병(鷹立如睡 虎行似病)"이라는 글귀가 있다. 내가 가장 좋아하는 글이기도 하다. "매는 조는 듯이 앉아 있고, 범은 병든 듯이 걸어간다."라는 뜻이다. 고수는 허술해 보이지만 안에 날카로운 그 무엇을 갖고 있다는 말이다. 성공한 사람들을 보면 대체로 그렇다. 비록 엉성한 듯하지만, 그 안에 숨겨진 발톱을 가지고 산다. 그 발톱에는 오랜 '세월의 인고(忍苦)'가 숨어 있다.

　고수의 '허허실실(虛虛實實)'은 절대 공짜로 얻어진 것이 아니기에 내공이 더할수록 더 허술한 모습으로 살아가기를 즐긴다. 조는 듯이 앉아 있고, 병든 듯이 걷는다고 하여 가벼이 보는 우(愚)를 범하지 말아야 한다.
　태풍이 불면 어떤 나무들은 뿌리째 뽑혀 흔적도 없이 사라지지만, 갈대는 약한 바람에도, 강한 태풍이 불어도 꺾이지 않고, 그냥 비틀거릴 뿐이다. 마치 취권처럼.

풍림화산(風林火山)

나무 137

얻으려면 먼저 줘라

뺏고 싶으면 일단 주고, 줄이고 싶으면 일단 늘려 준다. 약하게 만들고 싶으면 일단 내 편으로 끌어들인다. 경호무술을 수련할 때도 이런 기법을 활용한다. "밀면 당기고, 당기면 밀어라." 이것이 바로 끝을 알 수 없는 지혜다. 그렇기에 유약한 것이 강한 것을 이긴다. "적을 만들지 않는 자가, 적들을 다 싸워 이길 힘을 가진 자보다 훨씬 더 대단하다."

지위에 너무 집착하면 반드시 생명이 닳는다. 족함을 알면 굴욕을 당하지 않는다. 그침을 알면 위험이 없다. 넘치도록 쏟아부은 물은 흘리고 말며, 너무나 날카롭게 갈아놓은 칼은 곧 끊어지고 만다. 이겼다고 의기양양하면 발목을 잡힌다. 일단 달성한 후에는 물러남이 하늘의 도리다.
"리더는 들고 날 때가 확실해야 한다."

풍림화산(風林火山)

겸손함과 천박함

 성공한 사람들은 대체로 겸손하다. 그들은 실력과 능력을 갖추고 있기에 좀처럼 자신을 드러내지 않는다. 오히려 자신을 한없이 낮추면서 그것을 즐긴다. 그러다 결정적인 순간, 자신을 드러내야 할 때는 한 치의 주저함도 없이 신속하고 정확하게 자신의 능력을 발휘한다. 그들은 칼을 함부로 빼는 일이 없지만, 칼을 한번 뺐다면 흔한 말로 썩은 무라도 냉정하게 잘라 버린다.
 반면에, 천박한 사람들은 자신을 드러내지 못해 안달한다. 항상 자신의 실력을 과시한다. 이들은 항상 칼을 빼서 휘두르고 다닌다. 그래서 사람들은 처음에는 두려움을 갖지만, 나중에는 그조차도 천박하게 여긴다.

 겸손의 반대는 교만이 아니라 무지다. 많이 아는 사람은 겸손할 수밖에 없다. 왜냐하면, 그렇게 하지 않을 때, 반드시 닥쳐올 위험을 너무나 잘 알고 있기 때문이다.
 영화 〈신라의 달밤〉에서 건달이 된 이성재가 학창 시절에 '짱'이었던 차승원에게 이런 말을 한다.
 "너 많이 약해졌구나? 예전에는 이렇게 말이 많지 않았는데!"

야인시대 실존 인물들과 함께(제일 왼쪽이 필자, 가운데가 조일환 회장)

풍림화산(風林火山)

나무 139

하나밖에 모르는 바보

 일본 야쿠자 보수인, 하네다 회장의 '사부(師傅)'가 되어 인연을 이어 오던 중, 그가 '사쿠라다 준코(일본의 국민 배우 겸 가수)'를 소개해 줬다. 그리고 함께 만나던 어느 날, 하네다 회장이 잠깐 자리를 비운 사이, 상대 조직의 습격으로 우리는 위험에 처했다. 나는 전기톱으로 발을 자른다는 협박과 발뒤꿈치가 피범벅이 되었지만, 끝까지 하네다 회장이 있는 곳을 말하지 않고 그를 지켰다.
 이때, 전기톱으로 협박하던 그들에게 나는 소리쳤었다. "빠가야로!" 내가 아는 일본 욕이 '빠가야로'밖에 없었기 때문이었다. 나중에 하네다 회장이 이 이야기를 듣고 나를 "센몬빠가 센세이"로 부르게 되었다. 그 뜻은 "오직 하나밖에 모르는 바보 선생"이다.

 이후 하네다 회장은 그가 가장 존경한다는 일본 전국 시대 영웅, 다케다 신겐 장군의 용병술 風林火山(풍림화산)이 새겨진 50돈짜리 순금 팔찌를 나에게 선물했다. 나는 이 책을 국내에는 『생각에 꽃이 피네』로 일본에서는 『風林火山』이라는 제목으로 하네다 회장의 도움을 받아 출간한다.

일본의 국민 배우 겸 가수, 사쿠라다 준코와 함께

나무 140

풍림화산[風林火山]

  일본 전국 시대, 오다 노부가나와 함께 일본을 주름잡았던 다케다 신겐(武田信玄) 장군의 병법에는 중국의 『손자병법』을 차용한 '풍림화산(風林火山)'이라는 용병술이 있었다. 기습하는 부대는 '풍(風)', 바람처럼 빠르게. 매복하는 부대는 '림(林)', 숲처럼 조용하게. 공격하는 부대는 '화(火)', 불처럼 용맹하게. 방어하면서 본진을 지키는 부대는 '산(山)', 산처럼 무겁게.

  이는 현시대를 살아가는 우리에게도 큰 가르침을 주고 있다. 풍(風), 바람처럼 빠르고 부드럽게. 림(林), 숲처럼 조용하고 차분하게. 화(火), 불처럼 뜨겁고 정열적으로. 산(山), "산처럼 무겁고 과묵하게. 나는 오늘도 풍림화산처럼 하루를 산다.

풍림화산(風林火山)

나무 141

리더의 경계심

정당하지 못한 뒷거래나 아부, 아첨 등을 일컫는 말 "사바사바"라는 말 중, '사바(さば)'는 일본어로 고등어를 의미한다. 과거 일본에서 고등어는 귀한 생선이었다. 한 일본인이 나무통에 고등어 두 마리를 담아 관청에 일을 부탁하러 갔다. 다른 사람이 뭐냐고 묻자 "사바를 갖고 관청에 간다."라고 했는데, 그 말이 와전되어 지금의 '사바사바'로 굳어졌다고 한다. 리더라면 이 사바사바를 경계해야 한다.

화려한 권세에 다가가지 않는 이는 청렴한 인물이다. 그러나 이에 다가가도 물들지 않는 인물이야말로 더 청렴하다고 할 수 있다. 교묘한 술수를 모르는 이는 고상한 인물이다. 그러나 이를 알면서도 쓰지 않는 인물이야말로 더 고상하다고 할 수 있다.

프리드리히 니체는 『선과 악을 넘어서』에서 다음과 같이 설명하고 있다.

"괴물과 싸우는 자는 그 자신이 괴물이 되지 않도록 주의해야 한다. 심연을 너무 오래 들여다볼 때, 심연 또한 너를 들여다보게 된다."

왼쪽에서 세 번째가 필자, 오른쪽에서 두 번째가 이재명 대통령

나무 142

미움받을 용기

 미국에서 성경 다음으로 가장 영향력 있는 책으로 꼽히는 하퍼 리의 소설 『앵무새 죽이기』에서 주인공, 스카웃의 아버지는 말한다.
 "시작하기 전에 패배하리라는 걸 알면서도 어떻게든 시작해 끝까지 밀고 나가는 게 용기란다. 아주 가끔은 이길 수 있을 거다."
 그리고 누구나 총을 차고 다니던 미국 서부 시대, 스카웃은 아버지가 명사수인 것을 우연히 알게 되자 아버지에게 말한다.
 "왜 아빠는 총을 안 들어요? 비겁해요."
 하지만 아빠는 그런 스카웃에게 말한다.
 "총을 갖고 있는 건, 누군가가 나에게 총을 쏘도록 유인하는 것과 같다."

 책을 다 읽고 나면 느끼게 된다. 용기란 두려움이 없는 게 아니라 두려움 속에서도 행동하는 것이며, 진정한 용기는 '미움받을 용기'다.

풍림화산(風林火山)

나무 143

싸움하면 무조건 이겨라

목숨을 내건 실전 결투에서 한 번도 패한 적이 없는 일본의 전설적인 검성, 미야모토 무사시는 그가 쓴 병법서 『오륜서(五輪書)』에 다음과 같이 쓰고 있다. "진정한 사무라이는 지는 싸움은 안 한다. 내가 질 것 같으면 그 자리를 피한 다음, 이길 수 있는 상황과 환경을 만들어 상대를 이길 수 있을 때 싸운다. 이기도록 하여 이기는 것이 무엇이 나쁜가!"

즉, 진정한 사무라이는 상대를 이기는 것보단 질 상황을 만들지 않는다는 것이다. 가령 내 편은 나 혼자이고 상대는 내가 상대할 수 있는 이상의 수일 때, 그 자리를 모면할 수 있는 능력도 싸움 기술이라고 한다. 싸움은 싸워야 할지 말아야 할지 아는 자가 이긴다. 또한, 하수는 싸운 다음에 이기고, 고수는 이긴 다음에 싸운다.

풍림화산(風林火山)

나무 144

사소한 것이 세상을 움직인다

　세상은 움직이는 것은 큰 것이 아닌, 아주 작은 사소한 것에서부터 시작된다. 또한, 위대함도 아주 작은 것에 무너질 수 있다. 사소한 것들도 하찮게 넘기지 말아야 한다. 그 일이 훗날 당신에게 매우 크고 소중한 것을 부술지도 모르는 일이다.
　건물 주인이 깨진 유리창을 그대로 내버려 두면, 그 건물은 무법천지로 변한다. 곧 깨진 유리창처럼 사소한 것들은 사실은 치명적인 위험을 초래한다. 당신의 가는 길을 방해하는 것은 길 위에 있는 큰 바위가 아니라, 신발 속에 있는 작은 돌조각이다.

　한 마라토너가 42.195킬로미터 완주를 앞두고 갑자기 달리기를 멈추자 취재하던 기자가 물었다.
　"잘 달리다가 왜 갑자기 포기하고 말았습니까? 무엇이 당신을 가장 힘들게 했습니까?"
　마라토너는 고통으로 일그러진 표정으로 겨우 말했다.
　"저를 제일 힘들게 한 것은 42.195킬로미터의 거리도, 무더위도 아닌, 바람에 날려 들어온 운동화 안의 작은 모래알이었습니다."

나무 145

칭찬의 기술

　사람들은 자신을 과대평가하는 경향이 있다. 운전자들은 보통 자신의 운전 능력이 평균 이상이라 생각하고, 많은 교수가 자신이 평균적인 교수들보다 유머 감각이 뛰어나다고 생각하며, 사람들은 실제 두 개의 일만 하고도 세 개의 일을 했다고 생각한다. 그러니 칭찬을 과할수록 좋다. 그리고 누군가를 칭찬할 때는 다른 사람을 인용하여 칭찬하면 칭찬을 두 사람에게 하는 효과가 있다. "○○가 너는 착하고 어려운 사람을 배려할 줄 아는 친구라고 말하더니 정말 그렇구나!"

　또한, 칭찬은 사람을 기분 좋게 움직이도록 만든다. "이 친구는 사진을 엄청나게 잘 찍어, 예술가나 사진작가보다도!" 칭찬을 들은 친구는 그와 어딜 놀러 가면, 자청해서 그의 전속 사진사가 된다. 그리고 상대방도 모르는 상대방의 장점을 찾아내 그것을 칭찬한다면 상대는 감동하게 된다. "형 그거 알아? 형은 은근히 사람을 기분 좋게 하는 재주가 있어!" 이런 칭찬을 들은 사람은 칭찬한 사람만 만나면 기분 좋게 해 주려고 최선을 다한다.

나무 146

소통의 시작, '도와줘'

"도와줘."라는 표현은 소통의 시작이며, 상대가 호감을 느끼도록 하는 데 더 효과적이다. 예를 들어 "후배님, 오늘 나 좀 도와줄래요?"라고 하거나 선생님이 학생에게 "오늘 선생님 좀 도와줄래?"라고 하면, 그 말을 들은 당사자는 자신에게 큰 호감을 느끼고 있다고 생각하며 최선을 다하게 된다.

그것은 부부 싸움에서도 마찬가지다. 실컷 부부 싸움 후에 "미안해."라고 하면 "뭐가 미안한데?"라고 하고, "전부 미안해."라고 하면 "미안한 것이 무엇인지 모르는구나."라며 다시 싸움하게 된다. 그럴 때, "도와줘."라고 하면 "인간아, 내가 또 속는다."라고 하며 관계가 회복될 것이다.

사회생활에서도 껄끄러운 상대와 친해지려면 그에게 호의를 베푸는 것보단, 그가 들어줄 수 있는 사소한 부탁을 하며 도와달라고 하는 게 더 효과적이다. 예를 들어 "좋은 책을 소장하고 있으시다는데, 미안하지만 그 책을 며칠만 빌려주실 수 있겠습니까?" 사람은 자기에게 친절을 베풀어 준 사람보다 자기가 도와준, 친절을 베풀었던 사람을 더 기억하고 좋아한다.

풍림화산(風林火山)

해서는 안 되는 말

노력하는 사람에게 제일 응원이 안 되는 말.
"너보다 노력하는 사람 많아."
힘들어하는 사람에게 제일 위로가 안 되는 말.
"너보다 힘든 사람 많아."
위로란 "힘내!"라고 말하는 것이 아니라, "힘들지?"라며 묻는 것이다. 또한, "내가 한마디 할까?" 하고 건네는 이야기는 조언이 되기보다는 '조언을 가장한 폭력'이 되기 쉽다. 말을 하고 난 뒤 가슴이 아픈 경우는 진정한 조언이고, 말을 하고 난 뒤 마음이 어쩐지 후련해지면 그건 '조언'을 가장한 '폭력'인 경우가 대부분이다.

무례한 사람들은 자기는 화를 내면서 화내는 줄 모른다. 그런 사람들의 특징은 일단 목소리가 크고 항상 야단치는 말투로 얘기한다. "다 너 잘돼라고 얘기하는 거야!" 하면서. 사람들이 당신을 겁내는 건, 당신에게 대단한 카리스마가 있어서가 아니다. 당신은 그냥 쉽게 상처를 주는 사람이기에 상처받게 될 자신을 겁내는 것이다.

역린을 건드리지 마라

"진언하되 역린을 건드리지 마라."

용이라는 동물은 잘 길들이면 사람이 올라탈 수 있을 정도로 순해진다. 그러나 용의 목 아래에 반대 방향으로 나 있는 비늘이 있다. 이 비늘을 '역린(逆鱗)'이라 하는데 이 비늘을 건드리면 반드시 그 사람은 물려 죽는다. 군주에게도 이러한 역린이 있으니, 이를 건드리지 않고 이야기하는 것이 바로 진언의 비법이다.

예전에 한 임금이 이빨이 빠지는 꿈을 꾼 후, 신하들을 불러놓고 꿈에 대해 해몽을 해달라고 했다. 한 신하가 "그 꿈은 전하의 친인척이 다 죽는 꿈입니다."라고 했다가 임금의 노여움을 사, 엄하게 벌해졌다고 한다.

지혜가 있는 다른 신하는 "그 꿈은 전하께서 친인척들보다 가장 오래 사는 것을 의미합니다."라고 해서 그 신하는 상을 받았다고 한다. 같은 내용을 말한 것이지만 이처럼 역린을 건드리지 않고 이야기하는 것이 진언의 비법이다.

나무 149

오만함과 자부심의 차이

사진과 필름의 대명사로 불리던 코닥(Kodak)이 몰락했다. 코닥은 한때, 세계의 필름 시장을 70퍼센트까지 석권했었다. 그런 코닥이 과거 필름 시장의 성공에 취해 디지털 시대에 적응하지 못해 파산했다. 더 아이러니한 것은 디지털카메라를 제일 처음 만든 곳이 코닥이라는 것이다.

코닥은 1975년 세계 최초로 디지털카메라를 만들었지만, 디지털카메라 사업에 나서지 않았다. 기존 시장인 아날로그 필름 시장을 지키겠다는 오만함이 문제였다. 그래서 사람들은 말했다. "코닥의 성공이 오히려 그 회사를 죽였다."

다음은 세계적인 디자이너 피에르 가르뎅의 말이다.
"전 다른 사람들에게 비판을 받는 일에는 이미 이골이 났습니다. 제가 혁신적인 디자인을 선보일 때마다 사람들은 제가 만신창이가 될 때까지 제 디자인을 헐뜯고 비난합니다. 그런데 그렇게 비난하고 욕하던 사람들도 결국 제가 만든 옷을 입습니다."

열등감과 자부심의 무게

 글과 예술을 통하여 열등감을 극복한, 지금은 고인이 되신 작가 이외수님의 글 중엔 이런 글귀가 있다.
 "훌륭한 화가는 내가 어떤 것을 그릴 수 있다는 자부심 때문에 만들어지는 것이 아니라, 내가 어떤 것을 그릴 수 없다는 열등감에 의해서 만들어지는 것이다."

 성공하기 전에 간직하고 있던 '열등감의 무게'는 성공 후에 얻어지는 '자부심의 무게'와 같은 법이다.

나무 151

화향백리 인향만리

꽃은 향기로 말한다. 꽃은 진한 향기를 내뿜으며 벌과 나비를 유혹한다. 향기의 매력은 퍼짐에 있듯이 향기로운 꽃내음은 바람을 타고 백 리까지 퍼져나간다. 그래서 '화향백리(花香百里)'라 한다.

하지만, 꽃향기가 아무리 진하다고 한들 그윽한 사람 향기에 비할 순 없다. 깊이 있는 사람은 그 깊이만큼이나 묵직한 향기를 남긴다. 그 향기는 가까이 있을 때는 모른다. 향기의 주인이 곁을 떠날 즈음 비로소 그 사람만의 향기, '인향'을 느끼게 된다. 사람의 향기는 그리움과 같아서 만 리를 가고도 남는다. 그래서 '인향만리(人香萬里)'라 한다.

"욕정에 취하면 육체가 즐겁고, 사랑에 취하면 마음이 즐겁지만, 사람에 취하면 영혼이 즐겁다."

나무 152

무술은 예술이다

무술은 예술이다.
그래서 한자로는 '무예(武藝)', 군셀 '무(武)', 기에 '예(藝)'라 쓰고 영어로는 'martial arts'라 쓴다. 여기에서 'martial'은 그리스 로마 신화의 '전쟁의 신'인 '마르스(Mars)'에서 유래되었고, 의역하면 '전쟁(무사)의 기술(예술)'로 번역할 수 있다.

서예가나 화가가 붓으로 글과 그림에 숨결을 불어넣듯, 무술인은 몸으로 동작 하나하나에 기술과 철학, 그리고 숨결을 불어넣는다. 특히 한 동작, 한 동작을 만들 때는 '이 동작이 몸에 무리가 없는지', '몸에 어떤 도움을 주는지', '동작이 방어나 공격에 어떤 장·단점이 있는지' 수천, 수만 번, 수없이 반복하고 생각하며 연구한 후, 한 동작, 한 동작을 만들게 된다.

그리고 비로소 마지막에는 화가가 그림에 생명력을 불어넣고, 음악가가 각 악기의 소리를 아름다운 선율로 탄생시키듯, 무술가는 그 무예를 수련한다.

나는 오늘도 경호무술을 수련한다.

풍림화산(風林火山)

나무 153

경호무술의 기술과 철학

 무슨 일이든 10년을 하면 그저 조금 알 것 같고, 20년을 하면 전체적으로 파악이 되며, 30년을 해야 비로소 그 일에 대해 자신할 수 있다. 경호무술을 창시(1993년 4월 1일)하여 보급한 지, 이제 32여 년이 지났다. 다음은 경호무술의 기술과 철학이다.
 "사람은 누구나 죽음 앞에서 두려움을 느낀다. 하지만 그런 본능조차도 고객을 위해 희생하도록 훈련하는 것이 경호무술이다. 또한, 경호무술은 겨루지 않고, 맞서지 않고, 상대가 비록 적일지라도 상대를 끝까지 배려하는 '윤리적인 제압'과 '희생정신'을 가장 큰 가치로 추구한다. 경호무술은 '싸움의 기술'을 가르치는 게 아니라 '서로에 대한 존중'을 알려 주는 무술이다."

 경호무술의 3대 원칙.
 겨루지 않는다. 맞서지 않는다. 그리고 상대를 끝까지 배려한다.

풍림화산(風林火山)

나무 154

나는 왕이로소이다

 호랑이를 그리기 어렵다고 처음부터 고양이를 그릴 것이 아니라, 그래도 호랑이를 그리려고 노력하다 보면 멋진 고양이라도 그리게 된다. 처음부터 나는 실력이 없으니 고양이를 그릴 거야 하고 고양이를 그리면, 고양이에 너무 익숙해져 앞으로 절대 호랑이를 그릴 수 없게 된다.
 대부분 사람이 최고에 이르지 못하는 것은, 목표를 너무 높게 잡고서 거기에 이르지 못하는 것이 아니라, 목표를 너무 낮게 잡고 거기에 도달하는 것이다.

 우리는 사극을 보면서 좋은 왕을 기대한다. 자신이 다른 사람에게 좋은 왕이 되겠다는 것은 꿈도 꾸지 않는다. 그러니까 전선은 내 안에 그어져 있는 것이다. 그리고 영화나 드라마에서 노예에게 왕을 시키면 항상 불안해하고 안절부절못한다. 하지만 왕에게 노예를 시키면 새로운 세상에 대한 흥미를 느끼며 그동안의 자신의 삶을 한 발짝 물러서서 볼 수 있는 여유를 가지게 한다. 왜냐하면, 자신이 왕이기 때문에.
 그래서 우리는 '노예근성'과 '거지 근성'을 떨쳐 버리고 이런 생각을 가져야 한다. '나는 왕이로소이다.'

풍림화산(風林火山)

나무 155

시스템과 가치, 편리함을 판다

세계 최대의 콘텐츠 회사인 유튜브(YouTube)와 페이스북(Facebook)은 콘텐츠를 만들지 않는다. 세계 최대의 택시 회사 우버(Uber)에는 택시가 한 대도 없다. 세계 최대 숙박 업체인 에어비앤비(Airbnb)는 소유호텔이 하나도 없다. 우리나라의 경우, 카카오택시는 택시를 한 대도 보유하고 있지 않으며, 우리나라 4대 은행의 시가 총액을 훨씬 뛰어넘은 카카오뱅크 또한 자사 은행지점이 하나도 없다. 이처럼 세계 경제 구조는 '소유'에서 '사용'으로 빠르게 전환하고 있다.

또한, 나이키(Nike)는 운동화를 파는 것이 아니라 '자기계발'를 선사하고, 롤렉스(Rolex)는 시계가 아닌 '사회적 지위'를 팔며, 쿠팡(Coupang)은 물건이 아닌 '편리함'을 판매한다. 있는 것을 파는 것은 아무나 할 수 있다. 하지만 프로는 그 이상의 '가치'를 판매한다.

풍림화산(風林火山)

술 취한 보디가드

 술과 함께 사람들과의 어울림을 너무 좋아해, 2023년 4월 10일 '경호무술 창시 30주년'을 기념하며 프랜차이즈 허브 바비큐 전문 호프집, '술취한보디가드'를 오픈했다. 3호점까지 오픈했으며 전국 가맹점으로 확대해 나갈 예정이었다. '술취한보디가드' 입구에는 다음과 같은 문구가 있다.

 "사람이 온다는 건 실은 어마어마한 일이다. 그의 과거와 현재, 그리고 그의 미래가 함께 오기 때문이다."
 "술 때문에 죽은 사람이 많지만, 술 때문에 태어난 사람은 더 많다."

풍림화산(風林火山)

나무 157

생각에 꽃이 피네

  나의 다섯 번째 책, 『생각에 꽃이 피네』 출간을 하고 나면 산티아고 순례길에 다녀와 호수공원 근처에 '생각에 꽃이 피네'라는 꽃, 책, 차를 즐길 수 있는 카페를 오픈할 계획이다.
  '생각에 꽃이 피네'는 꽃집이자 서점이며 카페다. 한쪽에는 화초와 다육식물을 전시해 감상하고 구매할 수 있으며, 다른 쪽에는 "사람은 책을 만들고 책은 사람을 만든다."라는 글귀와 함께, 매달 월간 베스트셀러가 전시되어 자유롭게 책을 읽으며 구입도 가능하다. 한마디로 '꽃을 감상하고 책을 읽으며 차를 음미할 수 있는 공간'이다. 모든 테이블에도 카페에서 추천하는 꽃과 책이 전시된다.

  또한 카페는 한방차가 무제한으로 제공되며, 부근에 호수공원이 있어 1만 원의 '1일 이용권'을 활용하면 카페에서 꽃을 감상하며 책을 읽다가 호수공원을 산책한 후, 식사하고 다시 차를 마시며 책을 읽을 수 있어 하루 종일 문화생활이 가능하다.

풍림화산(風林火山)

별이 빛나는 밤

놀 줄 모르는 사람들이 어른이 되어서 놀려고 하는 것이 예술이라고 한다. 그래서 난 예술을 즐기려고 서재를 '작은 미술관'으로 꾸몄다. 전시한 그림은 빈센트 반 고흐의 「별이 빛나는 밤」, 「생마리의 바다 풍경」, 「밤의 카페테라스」, 구스타프 클림트의 「키스」, 그리고 클로드 모네의 「예술가의 정원」 총 다섯 점이다.

이 중 내가 가장 좋아하는 그림은 「별이 빛나는 밤」이다. 그림은 고흐가 귀를 자른 후, 자진하여 정신 병원에 입원해 병원 창문을 통해 밤하늘의 별을 보고, 자신의 고향을 생각하며 그렸다고 한다.

그렇게 고흐를 알아 가다 알게 되었다. 돈 맥클린이라는 미국의 유명 가수가 1971년에 빈센트 반 고흐의 탄생 100주년을 기념하며 하나의 노래를 발표한다. 그는 고흐에 관한 책을 읽다가 영감을 받아서 고흐에 대한 사랑과 존경을 담아 이 노래를 만들었다고 한다. 그 노래가 바로 「빈센트」라는 곡이다. 나는 오늘도 그 노래를 들으며 그림을 감상한다. 별이 빛나는 밤에. "Starry, starry night."

나무 159

'헬조선'을 말하는 사람들

 자신을 사랑하지 않는 사람은 다른 사람을 흠모하지 못한다. 자신의 운명을 바꾸고 싶다면 다른 사람을 사랑하기 전에 자기 자신부터 사랑할 줄 알아야 한다. 자신의 조국을 "헬조선(hell朝鮮)"이라고 지칭하는 것이 지식인인양, 지적 허영을 떠는 사람들이야말로 자신을 사랑하지 못하는 사람들이다.
 그들은 자신의 나라를 사랑하지도 않으면서 오로지 "헬조선"만 외칠 뿐이다. 자신을 봐 달라고, 기 드보르는 『스펙타클의 사회』에서 다음과 같이 쓰고 있다.
 "누굴 사랑해서 이야기하는 것과 자기를 사랑해 달라고 이야기하는 것엔 현저한 차이가 있다."

 나는 공원이나 터미널 화장실 등, 우리나라의 공중화장실을 이용할 때마다 대한민국이 선진국이라는 것을 느낀다. 하지만 전 세계의 모든 나라가 대한민국을 선진국이라고 하는데, 대한민국이 선진국이 아니라는 국민이 있다. 바로 대한민국 국민이다.

풍림화산(風林火山)

나무 160

세계 속의 대한민국

　우리는 무의식적으로 획일적인 문화에 익숙해져 있다. 그래서 거의 모든 것에 '우리'라는 말을 사용한다. "우리 회사", "우리 집", "우리 마누라", '우리 마누라'라는 것은 자신의 아내를 우리가 함께 공유한다는 것이다. "내 아내", "내 마누라"라고 해야 한다. 또한, 자신이 혼자 살면서도 "우리 집"이라는 표현을 쓴다.
　물론 단일 민족에 좁은 땅에서 살다 보니 그것은 너무나 당연할지도 모른다. 하지만 다인종, 다민족 국가인 미국과 중국을 봐라, 그들은 G1, G2 국가로서 전 세계 패권을 두고 다투고 있다.

　미국, 중국, 러시아 사람들은 우리나라에 와서 일기 예보를 보고 깜짝 놀란다고 한다. 그 예보는 바로 "내일은 전국적으로 비가 온답니다."라고 한다. 그들에게 있어서 전국적으로 비가 온다는 것은 대재앙이나 다름없다. 이렇게 우리는 획일적인 생각을 해야 하는 환경에도 접해있다. 그러므로 이제 우리는 '우리 안에 우리가 아닌, 세계 속의 우리', 그리고 더 나아가 '세계를 우리'로 생각해야 한다. 그것이 곧 세계화다.

나무 161
나라별 사람들의 특성

 자녀들을 교육할 때, 중국의 부모는 '만만디(여유로움과 느긋함)'를 강조하고, 일본의 부모는 자녀에게 어느 장소에서든 남에게 폐를 끼치는 행동을 하지 말라고 훈계를 하며, 미국의 부모는 남한테 양보하라고 가르친다. 그에 반해, 한국의 부모는 남에게 지지 말라고 가르친다.

 요네하라 마리는 그녀의 저서 『교양 노트』에서 '나라별 사람들의 특성'을 다음과 같이 반어법을 쓰며 설명한다.
 "이상적 인간이란, 영국인처럼 요리를 잘하고, 프랑스인처럼 외국인을 존경하고, 독일인처럼 유머 감각이 뛰어나고, 이탈리아인처럼 성실하고, 미국인처럼 외국어가 능숙하고, 러시아인처럼 술을 자제하고, 일본인처럼 개성이 넘치는 사람이다."
 나는 여기에 한 줄을 덧붙이고 싶다.
 "한국인처럼 매사에 여유가 있고."

풍림화산(風林火山)

나무 162

사랑하면 박사가 된다

"사랑하면 알게 되고, 사랑하는 만큼 보인다."

외국인을 친구로 두거나 연인으로 사귀게 되면, 대학 영문학과를 나온 사람보다 영어 회화를 더 잘하게 되고, 별을 진짜 좋아하면 별을 속속들이 살피게 되며, 동물을 사랑하면 그 동물에 대해 박사가 된다.

그리고 사랑해야 비로소 '귀함'이 보인다. 등으로 짊어지면 짐이 되지만 가슴으로 안으면 사랑이 되듯이, 산야에 피는 이름 없는 풀꽃도 뽑으려 하면 모두 잡초지만, 품으려 하면 꽃으로 보인다.

서로 잘 모르기 때문에 미워하고 원망하는 것이다. 아무리 큰 죄를 저질렀더라도 왜 그런 일을 저질러야만 했는지를 알고 나면 이해할 수밖에 없고, 그렇게 사랑하면 모든 것이 보인다.

"세상에 존재하는 모든 것에는 아름다움이 있지만, 모두가 보는 것은 아니다."

나무 163

종교와 신에 대한 믿음

　신은 인간의 모습을 오직 공통된 형태로 창조해 내었다. 하지만 인간은 얼마나 다양한 형태의 신을 창조해 내었는가? 예수님, 부처님, 공자님이 같은 시대 태어나셨다면 아마도 좋은 벗이 될 수 있었을 것이다. 모든 종교, 또는 지도자들에게 마찬가지이듯, 중요한 것은 그들을 따르는 광신도들이 문제다.
　그렇기에 독일 철학자이자 종교학자인 막스 뮐러는 말했다.
　"만약 어떤 이가 자신의 종교 하나만을 알고 있다면 사실은 그 하나도 제대로 알지 못하는 것이다."
　단재(丹齋) 신채호 선생은 진정한 종교의 역할에 대해 다음과 같이 말했다.
　"조선에 불교가 들어오면 조선의 불교가 되어야 하는데, 왜 불교의 조선이 되느냐?"
　스위스 정신의학자이자 심리학자인 카를 융은 죽기 직전, "신(神)을 믿느냐?"라는 질문을 하자 이렇게 답했다고 한다.
　"나는 믿지 않는다. 다만 알 뿐이다."

　　　　신을 위해 인간이 존재하는가,
　　　　인간을 위해 신이 존재하는가?

풍림화산(風林火山)

나무 164

예수님의 고백

 회사원 톰슨 씨가 다른 주로 출장을 가게 되었다. 그는 기독교인이고 흑인이었다. 그는 일요일이 되어 예배를 보기 위해 출장지에 있는 교회를 찾았다. 그러나 그는 교회가 백인 전용 교회라는 이유로 출입을 거부당했다. 눈보라가 몰아치는 겨울이었다. 그는 찬송가 소리가 울려 퍼지는 교회 밖 땅바닥에 주저앉아 슬피 울고 있었다.
 그때였다. 예수님이 톰슨 씨 앞에 나타나 물었다.
 "그대는 왜 땅바닥에 주저앉아 울고 있는가?"
 "백인 전용 교회라는 이유로 출입을 거부당해 슬퍼서 울고 있었나이다."
 그러자 예수님이 부드러운 손길로 톰슨 씨의 등을 어루만지며 말했다.
 "울지 마라, 이 교회가 생긴 지 족히 백 년이 넘었지만, 나 역시 아직 한 번도 들어가 본 적이 없느니라."

나무 165

어느 큰스님의 가르침

큰스님과 동자승이 길을 걷고 있는데 동자승이 스님에게 질문했다.
"스님, 비가 너무 많이 오는데 개울을 건널 수 있을까요?"
그러자 스님이 대답했다.
"어떤 일이든지 일어나지 않은 일을 앞서서 걱정하지 마라. 아직 다리에 도착하려면 하루, 이틀은 남았구나. 다리에 다다르기 전에 먼저 다리를 건너지 마라!"

그렇게 한나절이 걸러 개울에 다다랐는데 한 처자가 물이 불어서 징검다리를 건너지 못하고 있었다. 한복을 곱게 차려입었기 때문에 옷이 물에 젖을 것을 염려했다. 스님은 생각할 겨를도 없이 처자를 업어서 건너편 개울가에 내려놓았다.
그리고서 스님과 제자는 길을 걷고 있는데, 제자가 스님에게 질문했다.
"스님, 남녀가 유별한데 어찌하여 과년한 처자를 등에 업고 개울을 건넜습니까?"
그러자 스님이 대답했다.
"나는 아까 그 처자를 개울가에 내려놓있는데, 니는 지금도 그 처자를 업고 가고 있구나!"

풍림화산(風林火山)

나무 166

우리는 신에게 구걸한다

니체가 "신은 죽었다."라고 한 건 인간이 주인이라는 선언이다. 인간이 창조의 모든 역능을 끌고 가야 한다. 종교는 피난처가 아니다. 도망갈 데가 있으면 안 된다. 나로부터, 내 삶으로부터 도망가게 해서는 안 된다.

"지금은 노예지만 천국에 가면 자유로운 영혼이다." 노예 같은 말이다. 내가 노예라면 노예라고 받아들이고, 천국 따위는 없으니 여기서 주인이 되어야 한다. 내 발목에 차인 것이 쇠사슬이라는 것을 아는 순간부터, 나는 더 이상 노예가 아니다.

일본 후쿠오카에는 '학문의 신'을 모신 '다자이후 텐만구(太宰府天満宮)'라는 사찰이 있다. 사찰기원은 신께 소원을 비는 자리가 아니라, 신 앞에서 자신의 '결의를 표명' 하는 것이라고 한다. 하지만 우리는 신에게 "무엇무엇을 어떻게 하겠습니다." 하고 '기도' 하지 않고, "무엇무엇을 이렇게 해 주세요."라고 '구걸'을 한다.

풍림화산(風林火山)

나무 167

아름다운 뒷모습

 사람들은 대부분 앞을 보고 사진을 찍는다. 그래서 거울을 보듯 치장하고, 표정을 꾸민다. '뒷모습'은 뒷전이다. 하지만 다양한 인물의 뒷면을 담기 위해 에두아르 부바의 사진에 미셸 투르니에가 글을 붙인 산문집 『뒷모습』에서는 이렇게 설명한다.
 "등은 거짓말을 할 줄 모른다. 얼굴과 달리 등은 감정을 꾸며 낼 수 없다. 정직해서 쓸쓸한 뒷모습은 인체 중에서 가장 인간적이다."

 누구에게나 뒷모습은 진정한 자신의 모습이다. 그 어떤 것으로도 감추거나 꾸밀 수 없는 참다운 자신의 모습이다. 그 순간의 삶이 뒷모습에 솔직하게 드러나 있다. 그렇기에 누군가의 뒷모습이 앞모습보다 더 정직하게 마음을 전한다. 눈은 앞을 바라보지만, 마음은 항상 자신의 뒷모습을 바라봐야 한다.
 얼굴이나 표정뿐이 아니라 뒷모습에도 넉넉한 여유를 간직한 사람이 진정 아름답지 않겠는가!

풍림화산(風林火山)

나무 168

인생은 예술 작품이다

 살아 있는 동안 아름다운 그림이나 멋진 예술 작품을 만드는 데 시간을 보내는 것도 중요하지만, 차라리 내 인생 자체를 예술 작품으로 만드는 것이 더 가치 있고 아름답다.
 아름다운 젊음은 우연한 자연 현상이지만, 아름다운 노년은 내가 만든 예술 작품이다. 잘 물든 단풍이 봄꽃보다 아름답다.

풍림화산(風林火山)

나무 169

까마귀가 나는 밀밭

갤러리에서 일하는 제자에게 부탁해, 비록 모작이지만 나의 '작은 미술관'에 여섯 번째이자 마지막 작품인, 빈센트 반 고흐의 「까마귀가 나는 밀밭」 그림을 구했다. 고흐가 거의 마지막에 그린 그림이다.

그림은 하늘 가득 까마귀가 날아오고 있고, 길이 밀밭 한가운데에서 끊어져 있다. 그래서 이 그림은 고흐의 마지막을 보여 주는 것 같다. 이 끊어진 길처럼, 고흐는 1890년 7월에 이 밀밭에 들어가 피스톨 권총으로 가슴을 쏘아, 37의 나이로 세상을 떠나게 된다. 그런 스토리가 있기에 그의 작품 중 가장 유명한 작품 중 하나다.

나는 이 그림을 처음 본 순간 생각했다.
'메멘토 모리, 너의 죽음을 기억하라.'
죽는 법을 아는 것이 곧 사는 법을 아는 것이다. 나는 매일 아침 눈을 뜨면, 이 그림을 보면서 나의 죽음을 생각할 것이다.
그것이 오히려 삶에 대한 소중함을 깨닫도록 하여, 한 번뿐인 오늘 하루를 더 아름답고, 가치 있게 이끌기 때문이다.

나무 170

모든 것은 때가 있다

아끼지 마라, 맛있는 것부터 먹어라.
좋은 음식 다음에 먹겠다고 냉동실에 고이 모셔두면 냉동식품 되고 맛도 변한다.
좋은 것부터 사용하라.
비싸고 귀한 거 아껴뒀다 나중에 쓰겠다고 애지중지하다, 유행도 지나고 몇 번 못 쓰고 버리는 고물이 된다.
때가 되면 어떻게 하겠다는 생각을 버려라.
할 수 있으면 지금 당장, 마음먹었을 때 실행해라. 언제나 기회가 있고, 기다려 줄 거 같지만 모든 것은 때가 있다. 그때를 놓치지 마라, 너무 멀리 보다가 소중한 것을 잃을 수 있다. 그러니 하루하루 눈물 나도록 살면서, 오늘은 영혼이 춤출 정도로 즐거워보자. 잘 걷는 사람은 그림자가 맺히지 않는다.
빅토르 위고는 자신의 소설 『레미제라블』에서 장발장을 통해 이런 말을 했다.
"죽는 것은 아무것도 아니다. 정말 무서운 것은 결코 살아 보지 못하는 것이다."
사람들은 죽음이 눈앞에 닥쳐오고 나서야 느낀다. 내가 세상의 주인이었다는 것을….

풍림화산(風林火山)

나는 하늘을 본다

하루에 한 번 이상 하늘을 보세요. 그리고 하늘 숨을 깊고 길게 들이쉬세요. 그러다 보면 당신에게서도 하늘 냄새가 나게 됩니다.
사람이 하늘처럼 맑아 보일 때가 있다. 그때 나는 그에게서 하늘 냄새를 맡는다.

메멘토 모리(Memento mori), 죽음을 기억하라.
카르페 디엠(Carpe diem), 현재를 즐거라.
아모르 파티(Amor fati), 운명을 사랑하라.